Configuraciones de lo colonial chileno:
La narrativa de Justo Abel Rosales

*Colección*
TESIS

983.03
E51c Eltit Concha, Bernardita.
Configuraciones de lo colonial chileno: la narrativa de Justo Abel Rosales.
/ Bernardita Eltit Concha; profesora patrocinante: Alejandra Araya Espinoza.
–1ª ed.– Santiago de Chile: Universitaria, 2014.
117 p.,17,2 x 24,5 cm (Tesis)
Incluye notas a pie de página.
Tesis (magíster en estudios latinoamericanos) – Universidad de Chile, 2014.
Bibliografía: p. 111-117.

ISBN: 978-956-11-2426-4

1. Rosales, Justo Abel, 1855-1896. 2. Literatura chilena siglo 19 – Historia y crítica. 3. Chile – Historiografía. I.t. II. Araya Espinoza, Alejandra, prof. guía. III. Universidad de Chile. Facultad de Filosofía y Humanidades. Escuela de Postgrado.



Texto compuesto en tipografía *Berling* 11/13

Se terminó de imprimir esta
PRIMERA EDICIÓN
en los talleres de Grafhika Copy Center Ltda.,
Santo Domingo 1848 y 1862, Santiago de Chile,
en agosto de 2014.

IMAGEN DE PORTADA
*Pont de Santiago Sur le Río Mapocho*
Grabado de Edmond Bigot de la Touanne, 1828.
Museo Histórico Nacional de Santiago de Chile.

DISEÑO DE PORTADA
*Norma Díaz San Martín*

DIAGRAMACIÓN
*Alebrije Proservice Ltda.*

www.universitaria.cl

IMPRESO EN CHILE / PRINTED IN CHILE

Bernardita Eltit Concha

# *Configuraciones de lo colonial chileno: La narrativa de Justo Abel Rosales*

Fondo de Publicaciones Americanistas

"La publicación de esta obra fue evaluada por el
Comité Editorial del Fondo de Publicaciones Americanistas
y revisada por pares evaluadores especialistas en la materia,
propuestos por Consejeros Editoriales de las distintas disciplinas".

EDITORIAL UNIVERSITARIA

# Índice

# Agradecimientos

Esta investigación no hubiera sido posible sin el apoyo y el entusiasmo del grupo de trabajo del Proyecto Fondecyt "Para un Imaginario socio-político colonial: castas y plebe en Chile (1650-1800)" que la financió durante el año 2008. Agradezco especialmente a Alejandra Araya por acompañar y guiar este trabajo, a Ximena Azúa por leerlo y ayudarme a construir sus sentidos y a Natalie Guerra por escucharlo y entenderme infinitas veces.

Este trabajo es el resultado de mucho estudio, reflexiones compartidas y experiencias académicas conjuntas. Reconozco la relevancia del espacio que significó para mí el Centro de Estudios Culturales Latinoamericanos de la Universidad de Chile, a sus académicos y académicas, estudiantes, proyectos y propuestas.

Finalmente quiero agradecer al comité editorial del Fondo de Publicaciones Americanistas, el que, a través de la Vicerrectoría de Asuntos Académicos de la Universidad de Chile, posibilitó esta publicación.

# INTRODUCCIÓN
# A modo de presentación

El presente trabajo titulado *Configuraciones de lo colonial chileno: La narrativa de Justo Abel Rosales*, emerge a partir de diversas inquietudes relacionadas con la construcción simbólica de nuestra identidad nacional. Existe, a mi modo de ver, una serie de preguntas aún no resueltas consistentemente respecto de cómo y a través de qué estrategias, soportes y contenidos se han ido fijando estas narrativas de lo nacional. En el contexto de las recientes celebraciones del Bicentenario me parece pertinente insistir en esta problemática enfatizando, más que en los relatos que hegemonizaron esta construcción, en los que fueron marginados de ella, es decir, en las propuestas de construcción del imaginario nacional que no pervivieron, por lo menos, en los discursos oficiales y académicos.

El autor al que me dedicaré a lo largo de este trabajo, y su obra, forman parte de las propuestas intelectuales que, a finales del siglo XIX, es decir, en el contexto del Centenario Nacional, no se erigieron hegemónicamente; es más, no solo no formaron parte de la ideología dominante, sino que fueron sepultadas y cayeron en el olvido. En este sentido mi trabajo tiene como primer objetivo dar a conocer la propuesta de Justo Abel Rosales, aunque su mirada no se haya constituido en versión oficial de nuestra historia cultural.

Los textos que estudiaré, tres crónicas de la ciudad de Santiago y dos novelas históricas, dan cuenta de una producción narrativa que, en general, se resiste a ser clasificada según las categorías y conceptos tradicionales de la literatura y la historiografía. Esta desadecuación se relaciona en primer lugar con la necesidad de entenderlas como producciones híbridas. En este sentido, pretendo construir una mirada que no las reduzca a lo que se sabe o se ha fijado como lo que se supone que fue este tipo de producciones en la época señalada. Mi mirada pretende construir una lectura desde las obras mismas y no forzar interpretaciones a partir de conceptos, géneros o categorías previamente considerados que en realidad no dan cuenta del fenómeno textual que analizaremos.

Por otra parte, el contenido de estas obras y la forma en la que construyen la historia de la ciudad de Santiago a partir de su pasado colonial no coincide tampoco con la visión decimonónica dominante. Desde esta perspectiva esta investigación pretende romper, en cierta medida, con una construcción altamente sesgada que se ha difundido acerca de la negativa apreciación que se tuvo durante el siglo XIX de la época colonial, como un periodo que necesariamente había que superar. Es por este rasgo particular, entre otras cosas, que la propuesta de Rosales se configura de una manera tan significativa, ya que no solo no niega ese pasado sino que lo fija como el origen material y simbólico de la sociedad a la que pertenece y que, en cierto sentido, al darle la espalda a ese pasado se está negando a sí misma.

La producción narrativa de Justo Abel Rosales, entonces, desestima constantemente esa negación, ya que es desde ese pasado colonial que construye una identidad chilena posible. Su obra narrativa tematiza una y otra vez a los personajes, las instituciones y el modo de vida de las personas que habitaron Santiago durante los siglos coloniales y la primera parte del siglo XIX.

De lo anterior se desprende que, de una u otra forma, Rosales no está construyendo narrativamente la ciudad de Santiago para las clases dirigentes que se suponen forjadoras de sí mismas y que relegan ese pasado colonial al acervo cultural exclusivo de las clases populares, y en ello fijan el atraso cultural en que estarían sumidas. En este sentido su narrativa da cuenta de una lectura otra –no hegemónica– de la relación simbólica que construyeron los autores canónicos del siglo XIX respecto de nuestra identidad cultural.

Como revisaremos a lo largo de este trabajo, los formatos en los que el autor presenta sus obras reforzarán esta idea, ya que es desde el espacio de la prensa e incluso desde cierta estética periodística que se darán a conocer y serán leídas, lo que las acerca, en primer término, a un público amplio que excede notoriamente al de las élites culturales.

Para llevar a cabo un análisis de la narrativa de Justo Abel Rosales enfatizando su construcción de la identidad cultural santiaguina, hemos configurado un corpus de cinco obras publicadas entre 1887 y 1896, que son: *La Cañadilla de Santiago, su historia i sus tradiciones. 1541-1887* (1887), *Historia y Tradiciones del Puente Cal y Canto* (1888), *Historia i Tradiciones del Cementerio Jeneral de Santiago* (1890), *Los amores del diablo en Alhué* (1895) y *La negra Rosalía o el Club de los Picarones* (1896).

Para presentar adecuadamente esta investigación relevando los ejes más significativos del corpus escogido, la hemos dividido en tres capítulos. El primero se denomina Tópicos recurrentes y estrategias discursivas: colonialidad y archivo. En esta sección analizaremos cuáles son las temáticas más relevantes de los textos y qué sentido les otorga su autor. Estas son principalmente seis: la configuración de una referencialidad temporal colonial y de comienzos del siglo XIX, la ciudad de Santiago como objeto de análisis y estudio, el re-bautismo simbólico de los sentidos de la ciudad, la presencia en esta de seres fantasmales o demoníacos, la figura del Corregidor y Justicia Mayor de Santiago, don Luis Manuel de Zañartu (1723-1782), y la configuración de un discurso acerca de lo social que acentúa la permanencia de ciertas estructuras coloniales en el siglo XIX.

En la segunda parte del primer capítulo estableceremos cuáles son las estrategias que Justo Abel Rosales utiliza para legitimar, es decir, dotar de autoridad su escritura, a través de las figuras del documento y la tradición, para finalmente dar cuenta de la heterogeneidad que, en ese sentido, adquieren sus textos ya que contienen múltiples incrustaciones textuales de diversa índole.

En el segundo capítulo veremos la configuración genérica de las obras y cómo esta determinación las dota de significados también. Analizaremos la tensión entre literatura e historiografía que las cruza, la ausencia de Justo Abel Rosales en las historias de la literatura y la historiografía chilena y su problemática adecuación a ciertos modelos estéticos decimonónicos. Asimismo, en este sentido, estudiaremos *Los amores del diablo en Alhué* como una novela histórica que se construye a partir de la intertextualidad con las narrativas de lo judicial y revisaremos el concepto de *tradición* hispanoamericana e *Historia y tradiciones del Puente Cal y Canto* como una de sus actualizaciones chilenas.

En el tercer y último capítulo veremos cómo circulaba efectivamente este tipo de producciones en la segunda mitad de la década de 1880. Es decir, cómo eran publicadas efectivamente y cómo accedían a ellas los pocos alfabetos santiaguinos del momento señalado. Para lograrlo se reconstruirá aquí el contexto significativo de este tipo de producción enfatizando el papel que en ella jugó sin lugar a dudas el espacio de la prensa y el periodismo. Este trabajo, en este sentido, apunta al descubrimiento de qué era lo que se leía efectivamente a finales del siglo XIX, bajo qué formatos, en qué soportes y qué contenidos eran los que se difundían.

Dado el desconocimiento casi absoluto que existe acerca del autor que nos ocupa y su obra, incluiremos a modo de introducción un esbozo de biografía y luego reseñaremos las cinco obras que configuran el objeto de esta investigación para que los análisis que se llevarán a cabo puedan tener así un referente claro al cual remitir.

## Nota aclaratoria

Este libro corresponde a la tesis con la que obtuve el grado de Magíster en Estudios Culturales Latinoamericanos, por la Universidad de Chile, en el año 2010. Es importante aclarar que estos son los resultados de la investigación que realicé entre 2007 y 2009, y no he actualizado sus contenidos y reflexiones.

Quisiera mencionar también que a partir de esta investigación, junto a Ariadna Biotti y Javiera Ruiz, publicamos, por editorial Sangría en el año 2010, la segunda edición completa de la obra más importante de Justo Abel Rosales, *La Cañadilla de Santiago. Su historia y sus tradiciones, 1541-1887*. En el estudio preliminar están expuestas algunas de las conclusiones a las que esta investigación me condujo.

## Justo Abel Rosales, hacia la configuración de una biografía[1]

Justo Abel Rosales nació el 25 de abril de 1855 en Quillota. Sus padres fueron Exequiel Rosales y Francisca de Borja Justiniano. Su padre prestó servicios a la marina de guerra en la conducción de la Escuadra Chilena a Perú que llevó al Ejército Restaurador para abatir, en 1838-9, a la Confederación formada por el Mariscal Andrés de Santa Cruz[2].

Se educó en Valparaíso pero no concluyó sus estudios. Empezó a colaborar en *El Pueblo,* de Quillota, con el seudónimo de Ruy Blas, que dirigía y redactaba Juan David Olmedo. Sus colaboraciones en ese medio aparecieron entre los años 1873 y 1874. Los artículos que publicó con el nombre de "Los chilenos en Iquique" tuvieron gran repercusión, ya que narraban las paupérrimas condiciones en las que trabajaban los chilenos bajo la "tiránica" autoridad peruana. Se sabe que Rosales creó una brigada militar compuesta por jóvenes quillotanos para combatir el bandolerismo, y que a propósito de esto sufrió un accidente que lo postró en cama y le permitió dedicarse al estudio.

Como consecuencia del accidente perdió su puesto en el periódico *El Pueblo,* pero un antiguo jefe de su padre, Julián Riesco, le consiguió un empleo en la casa de la familia Balmaceda. En 1876 fue secretario de José Vicente Balmaceda, y desde entonces su vida estuvo ligada a esta familia. Luego, en junio de 1876, fue escribiente de la Corte de Apelaciones de Santiago. Durante este periodo se dedicó al estudio de los documentos de Archivo.

Se enroló en 1879 en el Batallón Aconcagua de Voluntarios. Ascendió a Sargento 1° de la Segunda Compañía y antes de Chorrillos y Miraflores (13 y 15 de enero de 1881). Peleó valerosamente y entró a Lima triunfador. Fue destinado a Tacna y luego al Callao en una misión especial: sacar de los subterráneos del Fuerte San Felipe la pólvora y la dinamita que allí se habían almacenado. Todo lo narra en su diario manuscrito *Mi campaña al Perú*[3].

[1] Este apartado es la base del texto "Justo Abel Rosales: Apuntes para una biografía", publicado como parte del estudio preliminar a la segunda edición completa de *La Cañadilla de Santiago*. Véase Rosales, Justo Abel: *La Cañadilla de Santiago. Su historia y sus tradiciones. 1541-1887,* Santiago de Chile, Editorial Sangría, 2010, pp. 14-18.

[2] Los datos de esta biografía provienen de tres textos: 1. De Luigi Lemus, Juan: *Don Justo Abel Rosales Justiniano 1855-1896,* Memoria Licenciatura en Filosofía con mención en Historia, Universidad de Chile, 1971, págs. 1-15. 2. Feliu Cruz, Guillermo: *Justo Abel Rosales (1855-1896). La bibliografía de los Archivos Nacionales,* Santiago de Chile, Colección Bibliógrafos chilenos. Santiago de Chile, Dirección de Bibliotecas, Archivos y Museos, 1969, págs. 3-23. 3. Figueroa, Virgilio: *Diccionario Histórico y Biográfico de Chile 1800-1931,* Tomos I, II y V y último, Establecimientos gráficos Balcells, San Francisco 982, Santiago de Chile, 1931, págs. 714-5.

[3] Véase *Mi Campaña al Perú (1879-1881),* primera edición de su manuscrito original (Archivo Nacional, Fondos varios, Vols. 133 y 134). Prólogo y notas de Juan de Luigi Lemus

Luego de aquello vuelve a Santiago en 1881, permaneciendo hasta 1884 en la Secretaría de la Corte de Apelaciones, hasta que lo echaron por su artículo acerca del soldado Segura publicado en *La Época* (quien fue torturado y condenado injustamente por matar a un capitán, amante de su mujer, caso en el que se ejercieron influencias políticas y familiares en contra de él).

Entre 1876 y 1884 trabajó en el arreglo y preservación del Archivo de la Real Audiencia y confeccionó un índice de 14.000 expedientes. Benjamín Vicuña Mackenna promovió en el Senado un premio en dinero para él (500 pesos) por ese trabajo. Se presume que solo él había revisado estos archivos antes que Rosales, quien admiraba a Benjamín Vicuña Mackenna e incluso le buscaba documentos que él necesitaba[4]. Rosales buscó su apoyo para entrar a trabajar a la Biblioteca Nacional, y efectivamente lo logró. Durante el periodo 1884-1886 cooperó con el traslado de los archivos de la antigua Contaduría Mayor, de la Capitanía General, de la Real Audiencia y de la Casa de Moneda a la Biblioteca Nacional para incrementar la Sección de Manuscritos. El 7 de febrero de 1887 fue nombrado dentro de la planta de empleados de la Biblioteca como ayudante. En 1885 publicó *Los Archivos históricos de Santiago,* texto en el cual daba cuenta de sus investigaciones recientes. Argumentaba a favor de la creación de una gran sección de Manuscritos en la Biblioteca Nacional que juntara todas las colecciones que andaban dispersas. Durante la dirección de Luis Montt junto con José Manuel Frontaura e Hipólito Henrion trabajó en la organización de la nueva sección, y publicaron valiosos catálogos acerca de lo que existía.

En este periodo colaboró con casi todos los diarios que circulaban: *Los Debates, La Época, La Libertad Electoral, El Ferrocarril, La Tribuna, El Estandarte Católico,* entre otros. En *La Libertad Electoral* publicó "La apoteosis de Arturo Prat" y "La Bibliografía del literato don Miguel Luis de Amunátegui", entre los más importantes. En 1887 publicó una obra de importancia, *La Cañadilla de Santiago, su historia i sus tradiciones. 1541-1887,* y luego *Historia y tradiciones del Puente Cal y Canto* e *Historia i tradiciones del Cementerio Jeneral de Santiago*.

Fue fiel a Balmaceda hasta el final y le envió una carta pidiéndole el puesto de Jefe de la Sección de Manuscritos y acusó con nombre y apellido a los detractores del Presidente que trabajaban con él. Debido a esta carta fueron destituidos el Director de la Biblioteca Luis Montt y otros funcionarios.

Rosales creó La Sociedad de Guerreros del Pacífico (1884), La Asamblea de Arturo Prat y La Sociedad de protección mutua de los empleados públicos. También participó en La Asociación de Prensa y en el Comité Patriótico popular Manuel Rodríguez.

---

e ilustraciones originales del propio autor y de Renzo Pecchenino. Concepción, Editorial de la Universidad de Concepción, 1984, 280 páginas.

4 Asunto que trataremos más adelante a propósito de la Advertencia que aparece en la novela *Los amores del diablo en Alhué.*

Defendió a Balmaceda luego de la derrota de este hasta su muerte, y fue expulsado por eso de la Biblioteca Nacional el mismo 29 de agosto de 1891. Entonces se dedicó a la prensa de guerrilla. Fundó, junto con Salvador Soto, *La Democracia*, que apareció por primera vez el 24 de diciembre de 1891, e hizo campaña de reivindicación balmacedista. En este tiempo publicó algunos libros tan importantes como *Historia de la Cárcel Política de Santiago, La negra Rosalía o el Club de los Picarones* y *Los amores del diablo en Alhué.*

Fue secretario general del comité patriótico encargado de trasladar a Santiago los restos de Manuel Rodríguez y publicó *La hoja de servicios y la vida de Manuel Rodríguez* (1895).

Finalmente enfermó y fue llevado al pensionado del Hospital San Vicente de Paul, donde falleció el 30 de noviembre de 1896; tenía 41 años. La Asociación de Prensa costeó sus funerales y le compró un nicho en el Cementerio. Fue sepultado en la sección poniente del Cementerio General, nicho 428, hoy N° 1355. Más tarde sus restos fueron echados a la fosa común.

## *...de la Cañadilla de Santiago al Club de los Picarones.*

Las obras que constituyen el corpus de esta investigación corresponden a cinco textos narrativos publicados entre 1887 y 1896. Los tres primeros libros son, respectivamente, *La Cañadilla de Santiago, su historia i sus tradiciones. 1541-1887, Historia y tradiciones del Puente Cal y Canto*, e *Historia i Tradiciones del Cementerio Jeneral de Santiago*, y corresponden a textos de inspiración historiográfica. Por otra parte, las dos últimas publicaciones llevadas a cabo por Rosales constituyen novelas históricas: *Los amores del diablo en Alhué* y *La negra Rosalía o el Club de los Picarones*. Haremos una pequeña presentación de cada uno de estos libros para poder deslizar luego algunas tesis interpretativas acerca de los mismos, relacionadas con los tópicos recurrentes que aparecen en ellos y las estrategias discursivas desarrolladas por su autor.

*La Cañadilla de Santiago, su historia i sus tradiciones. 1541-1887*, fue publicado en 1887 como libro, sin embargo vio la luz pública originalmente en las columnas de los diarios *La Época*, donde se empezó, y *Los Debates*, donde se terminó de imprimir[5]. Este texto corresponde a un extenso libro que consta de tres partes:

[5] La segunda edición de esta obra es del año 1948, *La Chimba Antigua. La Cañadilla de Santiago 1541-1887*, Santiago de Chile, Editorial Difusión, Imprenta Chile, Teatinos 760, Colección Letras Chilenas, 1948, 95 págs. Contiene un Prefacio de Carlos Peña Otaegui y una Introducción: *Justo Abel Rosales* escrita por Ramón Ricardo Bravo. Lamentablemente cambió no solo su título, sino también su contenido en la medida en que esta edición no corresponde al texto completo sino solo a la primera de las tres partes del texto original. De todos modos la segunda edición es fiel a la primera en cuanto a la parte que reproduce,

la primera es La Chimba Antigua, que se hace cargo del origen e importancia de este barrio tradicional santiaguino y, para lograrlo, Rosales narra su historia desde antes de la llegada de los españoles a nuestras tierras. El autor se encarga de precisar el origen del nombre patrio y de asegurar que Pedro de Valdivia vivió efectivamente allí. También escribe acerca del origen histórico de la Cañada de la Chimba y sus habitantes más célebres, para terminar narrando la historia de la Recoleta Franciscana construida al norte del río Mapocho a partir de 1643, y el pleito entre Franciscanos Morenistas y Briceñistas que se produjo en el año 1700.

La segunda parte de este texto está dedicada enteramente a la figura del Corregidor y Justicia Mayor de Santiago don Luis Manuel de Zañartu (1720-1782). Algunos de los temas más relevantes trabajados por Rosales se relacionan con la procedencia de Zañartu, sus cargos públicos, las obras que llevó a cabo: El Monasterio del Carmen de San Rafael y el Puente Cal y Canto, su decisión de encerrar en el Monasterio a sus hijas siendo aún muy pequeñas, las consecuencias que esto trajo consigo y, finalmente, lo que se relaciona con la muerte de este, su herencia y sus apariciones espectrales en el puente luego de la fecha de su muerte.

El tercer y último capítulo de *La Cañadilla de Santiago, su historia i sus tradiciones* se titula: El Barrio de los Obispos. La Cañadilla durante un siglo 1787-1887. Aquí, Justo Abel continúa la historia de la Chimba, actualizando los datos de su devenir histórico hasta su actualidad. Es decir, narra la historia de Santiago durante el primer siglo republicano a través de este barrio. El libro en su totalidad, de esta manera, narra en tres capítulos la conquista, colonia y república de Chile, respectivamente, dando cuenta, así, de la historia cultural de la ciudad de Santiago. Destacan en este libro sus enfrentamientos constantes con figuras muy importantes de la intelectualidad decimonónica, tales como Benjamín Vicuña Mackenna y Diego Barros Arana. Justo Abel Rosales difiere constantemente de algunos datos escritos por ellos, como la procedencia del nombre Chile, o la ubicación de la verdadera vivienda de Pedro de Valdivia, basándose en los documentos presentes en los archivos que él mismo ha agrupado y reordenado en la Sección de Manuscritos de la Biblioteca Nacional[6].

El segundo libro de esta tríada de crónicas acerca de la ciudad de Santiago se llama *Historia y Tradiciones del Puente de Cal y Canto*. Existen dos ediciones de la presente obra, la primera de 1888, que contiene un romance a propósito de

y tanto la advertencia como sus cuatro capítulos coinciden exactamente. Sin embargo, Carlos Peña Otaegui suprime valiosas notas aclaratorias al pie, argumentando en el Prefacio que "no agregan nada al interés de la narración". La tercera edición de esta obra, que es la segunda que reproduce el texto en su totalidad, es aludida anteriormente. Véase nota a pie de página N° 1.

6 Profundizaremos en este punto cuando nos refiramos a las estrategias textuales de la escritura de Justo Abel Rosales.

la caída del Puente y grabados de J. M. Blanco, que la segunda edición de 1947 omite[7]. En lo demás la segunda edición respeta la ordenación y contenidos de la primera.

Esta obra relata las historias que convergen en la creación del puente y su continuidad hasta el día de su derrumbe en el mismo año de publicación del texto. El comienzo del libro se relaciona con la historia de su creador, don Luis Manuel de Zañartu[8]. Luego tenemos acceso a las actas del Cabildo que posibilitaron la construcción del puente y a las circunstancias y personajes que se relacionaron con ellas durante todo el periodo de construcción, incluyendo los trabajos hechos luego de la muerte de Zañartu en 1782.

Una especie de segunda parte del texto se construye como una "crónica histórica, amena i noticiosa" en la cual Rosales toma explícitamente el rol de cronista y nos cuenta decenas de sucesos acaecidos en torno al puente, como las grandes avenidas del Mapocho, el eclipse de sol en 1804, las huidas a Mendoza en el contexto de las guerras de independencia, el temblor grande de 1822, los peregrinajes por el puente de muertos ilustres, como los hermanos Carrera, el ministro Portales, y el general argentino Juan Lavalle, entre otros. Finalmente alude al comercio establecido en él y resalta la importancia de la imprenta La Estrella de Chile.

El capítulo seis lo dedica a la descripción de los fenómenos paranormales y su existencia histórica en el puente; de hecho, el capítulo se llama "Almas, diablos i fantasmas del puente de Cal i Canto". Esta parte se dedica a precisar el tipo de apariciones que en el puente han ocurrido y sucesos desmitificadores de ellas. En el capítulo siguiente describe el desmoronamiento del puente, sus causas y cómo lo vivieron los santiaguinos (incluido Rosales). El texto finaliza con la transcripción de un romance popular denominado *Al Puente Cal i Canto*, de R. Dosele.

El tercer libro de esta tríada corresponde a *Historia i Tradiciones del Cementerio Jeneral de Santiago*[9]. Rosales comienza su relato narrando las circunstancias

[7] Santiago de Chile, Editorial Difusión, Imprenta Chile, Teatinos 760, Colección Letras Chilenas, 1947, 167 pág.

[8] La mayoría de los datos presentes en esta obra están ya apuntados en *La Cañadilla de Santiago, su historia i sus tradiciones. 1541-1887*, como lo señala el propio autor en el prólogo al lector de la obra.

[9] Nos detendremos brevemente en un punto editorial respecto de esta publicación. En realidad, la primera edición de este texto lleva por nombre *Sepulcros i Difuntos. Noticias históricas i tradiciones sobre el Cementerio Jeneral de Santiago*, y posee grabados de J. M. Blanco. Fue publicada en 1888, impresa en *La Estrella de Chile*, Puente Cal y Canto, 1-D y su editor fue Manuel A. Mujica. Las principales diferencias entre esta edición y la segunda (*Historia i Tradiciones del Cementerio Jeneral de Santiago*. Segunda edición estensamente aumentada y correjida, 1890), son el cambio de nombre de algunas calles, algunas precisiones biográficas acerca de ciertos difuntos y la aparición de nuevos personajes ausentes en la primera. Por otro lado, la primera edición posee tres grabados de J. M. Blanco, que son: En la tumba de

históricas que permitieron la construcción del cementerio, da cuenta del acuerdo para construirlo aprobado por el Director Supremo O'Higgins el día 2 de septiembre de 1819, y narra que finalmente se inauguró el día domingo 9 de diciembre de 1821. También describe cómo el pueblo comenzó a celebrar el día de Todos los Santos creándose verdaderas fiestas populares, que luego fueron erradicadas por parecer impropias ante los ojos de las autoridades.

En este capítulo aparecen también las pugnas que tuvieron lugar entre la Iglesia y el Estado a propósito de la prohibición de utilizar como cementerio los terrenos colindantes a las capillas y templos (como se acostumbraba tradicionalmente). En un acuerdo común entre el Gobierno y el prelado se decretó el 20 de junio de 1890 que podían celebrarse misas y realizarse todas las ceremonias católicas en el Cementerio General, evitando así el entierro de cadáveres en otros lugares, considerados por los deudos como más adecuados para la ascensión del alma de su familiar al cielo.

En el segundo capítulo de este libro comienza el paseo del narrador por las calles y barrios del Cementerio General. Inicia su descripción por el barrio de la izquierda o del poniente, lo que en estricto rigor corresponde a las tumbas antiguas. En esta parte del texto el autor va enumerando y contando datos acerca de la vida de los difuntos enterrados en este espacio del cementerio. Llama la atención en particular la obsesión de Rosales por marcar, por un lado las líneas de parentesco entre las personas, y, por otro, las demarcaciones de sus oficios o profesiones. De esta manera los sitúa jerárquicamente respecto de su participación en la vida pública santiaguina. En general casi todos son varones (cuando aparecen mujeres, es en función de sus padres, esposos o hijos), abogados, militares, sacerdotes o poetas (escritores en general). También aparecen algunos comerciantes y escasamente algunos profesores.

Justo Abel Rosales continúa su paseo por el cementerio y llega al barrio de la derecha o del oriente, donde comienzan las tumbas modernas. Pasajes interesantes de este capítulo son, por ejemplo, la apuesta del franciscano José María Bazabuchiascúa con un muerto, una anécdota contada por el capellán Valero en la que un hombre y una mujer "resolvieron resucitar por su cuenta y riesgo", la transcripción de una poesía satírica del fiscal Pérez de Uriondo y la poesía de Carolina Ledesma (en realidad Corina Lizardi), quien se suicidó junto a Rosario Valdivieso en su habitación del Hotel Inglés.

El cuarto capítulo de *Historia i Tradiciones del Cementerio Jeneral de Santiago* se constituye delineando las principales calles de los barrios modernos del

Isabel (entre las páginas 20 y 21), Mausoleo de Don José Romero (entre las páginas 54 y la 55) y Amor de Ultratumba (entre las página 60 y 61). Trabajaremos principalmente con la segunda edición, debido a que fue publicada por el mismo Rosales dos años después, corregida y aumentada; por lo tanto, obedece a su deseo editorial de que esta fuera la edición definitiva de su texto.

cementerio[10]. Textos atractivos de este capítulo son la poesía *Adiós al poeta*, que Escuti Orrego leyó en la tumba de Hermójenes de Irisarri; también una compuesta por Andrés Bello respecto del incendio de la Compañía en 1841, y la aparición de epitafios humorísticos. Cuenta, entre otras, una anécdota acerca de la hija de un alemán que se suicidó en pacto con su amante, que en vez de hacerlo y beber veneno hizo lo propio con cerveza, y la poesía *Era un ánjel* que Belisario Guzmán Campos leyó a propósito de la muerte de una joven llamada Carlota del Campo. El libro finaliza con un capítulo dedicado a los sepulcros de los pobres que funciona como conclusión. Se limita a dar cuenta de la existencia de la fosa común y de las "sepulturas de simple tierra", para terminar el libro concluyendo con el tópico medieval de la muerte igualadora, que supone la no diferenciación social o de cualquier tipo ante la muerte que a todos irreparablemente llegará.

La novela *Los Amores del diablo en Alhué,* subtitulada *acontecimiento estraordinario, fantástico i diabólico*, fue publicada en el año 1895[11]. Narra básicamente la historia del suizo Santiago Barreta, quien es acusado por su esposa, Juana Putiel, de cometer actos deshonestos con su hija mayor, Dolores. El texto muestra, sin embargo, que el verdadero ejecutor de estos hechos es el mismo diablo que habita la comarca de mineros de Alhué y se personifica en Faramalla, vecino adinerado del lugar[12].

La novela comienza exponiendo el origen histórico de la villa de Alhué y el significado de este nombre, que proviene de un cacique que la habitaba pero que se relaciona, asimismo, con la noción de muerte y diablo. En el capítulo segundo se inicia la novela propiamente tal, se configura el mundo familiar, sus integrantes y modos de vida. Este equilibrio se rompe con la aparición de un minero rico llamado Faramalla, quien, junto a su sirviente Siroco, irrumpe en la cotidianeidad de la familia Barreta guiados por el deseo de Faramalla de tener amores con la hija mayor de Santiago, Dolores. Este la visita de noche, haciéndose pasar por su padre, lo que lleva a Juana, la madre de la niña, a desconfiar de

10 Estas son: Avenida de Errázuriz, Avenida de Lynch, Calle de la Compañía, Avenida Camilo Henríquez, Cuartel de los Bomberos, Calle de los Presidentes, Avenida de O'Higgins, Calle de Balmaceda, Avenida Santa María, Calle de Freire, Calle de Lastarria y Calle de los Tipógrafos. Finalmente agrega Los sepulcros del Nor-Oeste y Los Nichos.

11 Existen, sin embargo, varias reediciones de la misma: una segunda edición completa e ilustrada, Barcelona, Imprenta Garcés y Bartoli, Provenza 197, Santiago, Centro editorial La Prensa, San Diego 335, sin fecha de edición; una tercera en Editorial del Pacífico, 1934; otra en Editorial Nascimento, de 1978, y dos recientes: LOM Editores, 2001 y Editorial Andújar, 2004.

12 Alhué está ubicada a 150 kilómetros de Santiago en la provincia de Melipilla, Región Metropolitana, Santiago. En 1729 se descubrió un gran yacimiento de oro allí, que dio origen a una vasta producción minera. *Alhué* en mapudungun significa *lugar donde penan*, y, en general, es un nombre que se relaciona con el diablo y con la muerte.

su marido y a denunciarlo con el cura párroco del pueblo, llegando al extremo de echarlo de su propia casa, causando las constantes habladurías y comentarios de sus vecinos.

Otros personajes fantásticos y de carne y huesos complementan la historia central, como el sirviente de Faramalla, Siroco, quien es en realidad un príncipe encantado llamado Oscar, y la sirvienta negra de la familia, Petronila, quien junto a él visita un castillo encantado, en el que es blanca, y por lo tanto bella. Toda esta línea alternativa presentada al comienzo de la novela se funde con la principal hacia el último capítulo, cuando Santiago, desesperado por la acusación de Juana, su esposa, y aconsejado por Faramalla, decide suicidarse en un pequeño bosque cercano. Sin embargo es sacado de allí por una familia de campesinos, de la cual, luego de unos días, se va con un médico brujo que lo lleva a una ceremonia que corresponde a una danza de hadas.

Por una parte, la novela desarrolla un argumento relacionado con los abusos sufridos por Dolores, y los intentos de su madre por frenarlos; y por otra, se despliegan diversos mundos alternativos al real: el castillo del príncipe Oscar y la ceremonia de las Hadas, entre otros. Esta duplicidad la carga el personaje del demonio/Faramalla, que participa de ambos mundos, en uno como minero rico y amigo de la familia Barreta, y en otro como lo que es, un ser sobrenatural dispuesto a hacer cualquier cosa con tal de obtener favores sexuales por parte de Dolores.

Ahora bien, la novela *Los amores del diablo en Alhué* está basada en un caso judicial que efectivamente se llevó a cabo en contra de Barreta en la última década del siglo XVIII, en el cual fue acusado de cometer actos deshonestos con cuatro de sus hijas, incluyendo a dos que no cumplían aún más de ocho años. El nombre del caso es "Santiago Barreta, criminal en su contra por estupro"[13] y los textos que lo componen están fechados entre el 8 de julio de 1792 y el 5 de noviembre del mismo año[14].

Finalmente, el último texto al que nos refiriremos es a la novela histórica *La negra Rosalía o el Club de los Picarones* (1896)[15], publicada en el mismo año de la muerte de su autor, y por lo tanto, su última publicación[16]. En la advertencia al lector se afirma que es una obra escrita a partir de datos y noticias elaborados

13 Barreta, Santiago, criminal en su contra por estupros. Año 1792, vol. 3017, pág. 11ª, 73 fs. Real Audiencia. Archivo Nacional.

14 Nos dedicaremos más adelante, en el segundo capítulo, a realizar un análisis intertextual de la relación entre ambas versiones. Nos limitamos aquí a enunciar la referencia.

15 Rosales, Justo Abel: *La negra Rosalía o el Club de los Picarones*, Imprenta y oficina de la Democracia, Bandera 166. Colección Folletín de la Democracia, 1896. En adelante citamos de esta edición.

16 Existen dos reediciones de esta novela: la primera en 1978, Editorial Nascimento, y la segunda en 2002, Editorial Andújar.

desde 1889, y que es una historia de aventuras "enteramente verídicas" y desconocidas de la historia nacional pertenecientes a un periodo de disidencias armadas entre liberales y conservadores. Se afirma que contiene tradiciones y costumbres nacionales y que su personaje protagónico, la negra Rosalía, realmente existió. Los dos primeros capítulos tratan sobre la historia local santiaguina: "La calle de Santo Domingo de Santiago", en la que se narra la historia de esa calle desde 1557; e "Historia antigua de una casa esquina. El doctor Urízar. El correo viejo", capítulo que nos permite acceder a algunos antecedentes históricos del lugar que ocupó más tarde el local de la negra Rosalía.

El autor narra que Rosalía Hermosilla, que era chilena, poseía un negocio en Lima junto a su marido Pedro Olivos y a su hermana Jacoba. Ella y su familia se embarcan a Chile y en 1825 llegan a Santiago. El año 1927 o 28 estaban instalados en San Pablo en la casa del antiguo correo, y allí servían pisco recién importado del Perú. El narrador enuncia: "La República sufrió trastornos inmensos en el espacio de más de 30 años; cayó Pinto, después subió a la presidencia Prieto, después Bulnes, después Montt, y la negra firme en su esquina, oyendo todo y sabiendo todo"[17]. De esta manera, su local comienza a ser frecuentado por personajes ilustres, entre ellos el Ministro Portales, y así se va convirtiendo paulatinamente en un centro de reuniones políticas de ambas tendencias; de hecho, don Pedrito era en realidad liberal y Rosalía prefería evitar las adscripciones partidistas. Luego de los enfrentamientos de diciembre de 1829 en los que pierde el Gobierno, Portales y los suyos, ahora en el poder, vuelven a frecuentar el local de Rosalía.

Paralelamente a la historia de carácter político que se desarrolla en la novela se da una historia de amor entre un gringo pobre, Pepe, y Jacoba, la hermana soltera de Rosalía, quien lo cuida cuando este cae malherido al hospital San Juan de Dios. Finalmente la pareja se compromete en matrimonio luego de que un adivino le augurara a Pepe que sería un buen marido, y que poseería una cuantiosa herencia, lo que se comprueba más tarde ya que él es en realidad francés y es el hijo primogénito de un Varón. La novela finaliza cuando estalla el caos en la ciudad, y el Gobierno se defenderá de los pipiolos al mando de Freire. Rosalía y su familia presencian estos hechos sin involucrarse mayormente.

Llama poderosamente la atención, en esta novela, el rescate de lo que podríamos llamar el acervo cultural chileno perteneciente a la época descrita, es decir, la década de 1830 del siglo XIX. Se transcriben textos como la poesía *El uno y el otro* de José Joaquín de Mora[18], publicada en *El Trompeta*,

---

[17] Ob. cit., pág. 28.

[18] José Joaquín de Mora (1783-1864), neoclasicista español. Llegó a Chile por invitación de Francisco Antonio Pinto y asumió el puesto de oficial mayor de la secretaría del Estado. Fue exiliado del país en 1831 por liberal. Fundó el *Mercurio Chileno*.

en febrero del mismo año, la cual ironiza la relación de Ovalle y Portales. Esta poesía surgió como una venganza al Gobierno y fue aprendida y recitada por los chilenos. También llaman la atención las conversaciones que mantienen los personajes acerca de la manera de hablar de los chilenos, su forma de hacer política, y sobre todo sus opiniones acerca de las comidas y bebidas de Chile. Se describen minuciosamente los principales alimentos que constituyen los desayunos, almuerzos, onces y cenas de los chilenos y chilenas de esa época[19].

Así, *La negra Rosalía o el Club de los Picarones* avanza temporalmente con respecto a los textos anteriores, pero insiste en la descripción histórica y sobre todo costumbrista de la sociedad chilena.

Ahora, ya presentados a grandes rasgos los textos que nos ocupan, revisaremos cuáles son las temáticas que emergen con mayor fuerza o que resultan más atractivas en ellos para avanzar hacia una interpretación de la obra de Justo Abel Rosales, en una primera etapa constituida por los sentidos que configura en ellos.

[19] La comidas descritas como las principales son las siguientes: para el desayuno, mate, ulpo, gloriado, candial; en el almuerzo: cazuela de ave, albóndigas, chanfaina, ajiaco de papas, ajiaco de carne, papas chicharronadas, locro, guiso de mote, pebre; en la hora de once: mate en leche, pihuelo o chupilca, ulpo, huesillos, zorro, zapallo, patitas, arrollado, sanco o chercán, catete; y finalmente para la cena: pastel de maíz, hervido de charqui, charquicán, frito o de trilla, mazamorra de porotos, encebollado, changle, huitrín, frijoles, pescado en fuente.

# Capítulo I
# Tópicos recurrentes y estrategias discursivas: colonialidad y archivo.

## Tópicos recurrentes en la narrativa de Justo Abel Rosales

Luego de haber exhibido, a grandes rasgos, las principales características de los cinco textos en los que basaremos nuestro análisis de la narrativa de Justo Abel Rosales, presentaremos los elementos que, a nuestro modo de ver, se erigen como los tópicos o temáticas más relevantes presentes en ellos. Principalmente nos detendremos en seis aspectos que nos parecen fundamentales: a) elección del marco de referencialidad histórica de los textos, b) importancia asignada a la ciudad de Santiago, sobre todo desde un punto de vista urbanístico, c) ejercicios de re-bautismo simbólico de la ciudad, d) relevancia asignada al tema de los fantasmas, espíritus e historias de seres sobrenaturales, e) construcción de un discurso social, respecto a la época colonial y a la sociedad de finales del siglo XIX, y finalmente f) la figura del Corregidor Zañartu como ícono cultural.

Luego de haber delineado las recurrencias de esta narrativa, para así dar cuenta del proyecto de Obra que subyace en ellas, analizaremos cuáles son las estrategias discursivas construidas por Rosales para escribir y legitimar su punto de vista frente a las problemáticas que plantea. Nos parece fundamental, en este sentido, dar cuenta de la diversidad de soportes textuales que incluye en sus obras, es decir, los diversos subgéneros que aparecen constantemente en sus novelas y crónicas. Por otra parte, aludiremos a la autorización textual que utiliza Rosales y que se relaciona en primer lugar con la figura del documento y el archivo, y, en segundo lugar, con la tradición entendida como la memoria oral que poseen los habitantes antiguos de la ciudad de Santiago.

De esta manera, concluirá una primera aproximación a la narrativa de Justo Abel Rosales a través de los contenidos de sus textos, que nos permitirán comenzar a entender la significación de los mismos y su importancia.

### *Marco de referencialidad histórica de los textos.*

Si ordenáramos cronológicamente las cinco obras, es decir, no por orden de publicación sino según un criterio relacionado con el tiempo narrativo referencial de cada una de ellas, la primera sería *Los Amores del diablo en Alhué,* ya que su historia transcurre únicamente en la última década del siglo XVIII. Siguiendo esta línea de análisis, seguiría *La negra Rosalía o el Club de los Picarones* ya que está situada entre la segunda y la tercera décadas del siglo XIX, es decir, veinte o treinta años después de la primera.

Ahora bien, las crónicas también pueden ser ordenadas de este modo ya que, por ejemplo, *La Cañadilla de Santiago, su historia i sus tradiciones*, comprende desde la llegada de los españoles a Chile hasta el año de su publicación, 1887, siendo, en este sentido, la que abarca un periodo mayor. Sin embargo, *Historia y Tradiciones del Puente de Cal y Canto* también alude a un periodo amplio, ya que comienza con los trámites de la construcción del puente en la segunda mitad del siglo XVIII y termina con el derrumbe en el mismo año de publicación del texto, 1888. Sin embargo, a diferencia del libro de la Cañadilla, que retrata en tres partes tres siglos más o menos de historia chilena, el del Puente Cal y Canto se centra en el periodo de la construcción del puente, los datos anteriores y posteriores no cobran mayor relevancia, pues desde esta perspectiva retrata mayormente las décadas de finales del siglo XVIII. En este sentido coincide con el tiempo referencial de *Los Amores del diablo en Alhué*. Por último, *Historia i Tradiciones del Cementerio Jeneral de Santiago* se centra en el periodo de construcción del cementerio, es decir, nuevamente en las primeras décadas del siglo XIX, lo que lo acerca a *La negra Rosalía o el Club de los Picarones*.

De esta manera podemos aseverar que pese a que algunas de las obras de Justo Abel Rosales que revisamos dan cuenta de periodos históricos bastante amplios, en general el foco de atención se sitúa a fines del siglo XVIII y comienzos del XIX. Esto es bastante significativo en la medida en que él escribe justamente en la *vuelta de siglo* siguiente.

No es, sin embargo, el hito de la independencia lo que obsesiona a Rosales sino la bisagra o posible continuidad entre un sistema político y otro. El primer tópico recurrente en la escritura de nuestro autor, entonces, es la fijación a través de la escritura, de un pasado chileno, casi siempre santiaguino (salvo en el caso de la primera de sus novelas) anclado en la vuelta del siglo XVIII al siglo XIX, pero mirado desde el contexto del centenario nacional.

No deja de llamar la atención que en las cinco obras revisadas las guerras de Independencia no cobren mayor relevancia y el pasado colonial se construya, revise y exponga enfatizando, de manera indirecta, no las rupturas entre esa sociedad y la que él vive, sino, por el contrario, las continuidades, las permanencias. Llama la atención sobre todo porque en el momento en que escribía la exaltación de la identidad nacional pasaba necesariamente por esa diferenciación que él no lleva a cabo, o por lo menos no suficientemente.

Estamos en presencia, desde esta perspectiva, de una producción narrativa que si bien no difiere del objetivo hegemónico de la intelectualidad decimonónica de forjar una identidad chilena (justamente a partir de la negación de ese pasado[20]), construye caminos alternativos para erigirla. Y uno de estos caminos, desde nuestro punto de vista, se relaciona con narrar insistentemente la vuelta del siglo XVIII al XIX, volver una y otra vez a ella, como un punto de continuidad entre los que lo precedieron y los que vendrán, ostentando así una distancia que le permite narrar las historias de la ciudad de Santiago utilizando un criterio de coherencia espacial, la ciudad, más que político-temporal, en el sentido de las grandes divisiones que traen consigo la diferenciación radical entre Colonia y República.

*Importancia asignada a la ciudad de Santiago.*

Como mencionamos anteriormente, es relevante destacar que Justo Abel Rosales fija su atención en la ciudad de Santiago y sus monumentos para desde ahí narrarla. Dicho de otro modo, llama la atención el foco de esta narrativa en la medida en que los sitios desde los cuales construye la historia de la ciudad de Santiago aparecen como marginales dentro de lo que conocemos como los monumentos nacionales. Su primer libro a este respecto decide hacerse cargo de la historia y las tradiciones relacionadas con un barrio tradicional de Santiago, la Chimba, pero al cual no le han puesto la suficiente atención los historiadores:

> El señor Vicuña Mackenna publicó en las "Relaciones Históricas" un buen trabajo titulado: «La Cañada de Santiago;» pero en el cual no se acuerda de la Cañadilla, hermana menor de aquella, segun el nombre, aunque la mayor por los recuerdos históricos que contiene, a los ménos por lo que respecta a Valdivia[21].

De esta manera vemos que Rosales considera que la ciudad de Santiago ha sido narrada, por ende construida, obviando la importancia de barrios como el de la Chimba, que ha tenido un papel preponderante *por los recuerdos históricos que contiene*. Así, el autor no se referirá a La Cañada de Santiago estudiada por Benjamín Vicuña Mackenna sino a la Cañadilla, lo que metaforiza las relaciones de poder que subyacen en la historiografía: mientras Benjamín V. Mackenna narra Santiago desde la Cañada, desde la centralidad, Rosales lo hace desde la Cañadilla *hermana menor de aquella*, desde un punto de vista periférico. Sin embargo, la subordinación de la Cañadilla a la Cañada (de Rosales a V. Mackenna) funciona de manera problemática, en la medida en que es en la Cañadilla

[20] Véase Lastarria, José Victorino: "Noticia de la sociedad. Discurso inaugural". En *Recuerdos literarios*, Santiago: Zig-Zag, 1968, págs. 94-106.

[21] Rosales, Justo Abel: *La Cañadilla de Santiago, su historia i sus tradiciones, 1541-1887*, 1887, pág. 18. En adelante cito de esta edición. Esta cita textual y las siguientes respetan la ortografía de los originales.

donde, según el autor, subyacerían elementos relevantes para constituir la historia de la ciudad de Santiago.

Así, en *La Cañadilla de Santiago, su historia i sus tradiciones*, Justo Abel Rosales construye una declaración de principios que se relaciona con la necesidad de construir la ciudad de Santiago a partir de nuevos barrios, es decir, a partir de nuevos modos de ver. De hecho, escribe en este libro la historia de la ciudad de Santiago desde 1541 hasta el año en el cual lo publica (1887), fijando así la historia completa de la ciudad, pero observándola y fijándola desde *el otro lado* del Mapocho.

Por otra parte, para referirse contundentemente al pasado colonial de la ciudad elige hacerlo a través de la existencia de una obra propiamente arquitectónica, y esta es el Puente Cal y Canto. Es a través de él que emerge la voluptuosa figura del corregidor Zañartu (que trataremos especialmente más adelante), y el aparataje institucional colonial al que tanto admira. Lo que llama la atención, en realidad, es que *Historia y Tradiciones del puente Cal y Canto* se haya escrito motivado por la caída del puente debido a los trabajos de canalización del río. Es decir, Rosales construye la historia del puente *porque* este no existirá más. Este libro cumple, en ese sentido, una función muy clara y que es preservar en la memoria, a través de su publicación, la historia e importancia de esta obra que metaforiza el pasado colonial chileno que Justo Abel ve desmoronarse en la ciudad de Santiago debido a los procesos de modernización estructural que sufre esta a fines del siglo XIX.

La sociedad santiaguina, en la narrativa de Justo Abel Rosales, está configurada desde el Cementerio General. Y desde allí construye la diferenciación de clase, explicita las redes de poder social, jerarquiza los roles fundamentales en la construcción de una sociedad republicana, y realiza juicios de valor acerca de los mismos elementos. Rosales se pasea por las calles del cementerio comentando uno por uno los mausoleos y tumbas que van apareciendo. Emerge, de esta manera, nuevamente la ciudad de Santiago y sus habitantes según el lugar que ocupan en la sociedad y la importancia que él les atribuye. El cementerio reproduce a escala la ciudad, en una suerte de necrópolis vivificada por la narración del autor. Al igual que en el texto acerca del puente, la explicación del presente se da a partir de lo que ya no está, de las ruinas.

Cabe mencionar aquí que los lugares desde los que nos narra Santiago son fundamentales a la hora de entender los objetivos que su escritura persigue, sin olvidar que no han sido los escogidos por las voces social e intelectualmente autorizadas. Rosales se sitúa siempre desde la ciudad de Santiago, desde la Chimba, desde el cementerio, enfatizando una y otra vez el hecho de que para construirla es necesario mirarla desde lugares no centrales de su constitución política y simbólica. Esto se volverá más explícito cuando revisemos los procesos de re-bautismo que lleva a cabo, mostrando su desacuerdo con los énfasis nominales instaurados en la ciudad.

### *Re-bautismos simbólicos para la ciudad de Santiago*[22].

Uno de los tópicos o lugares comunes más llamativos en la narrativa de Rosales se relaciona con su insistencia en re-bautizar Santiago, sus calles y monumentos. Claramente este gesto simbólico se relaciona con reasignar la jerarquía y los valores que han trascendido de manera errónea; dicho de otro modo, él no está de acuerdo con las pervivencias simbólicas de la ciudad de Santiago y con cómo estas se han llevado a cabo. Este rasgo característico aparece en los tres textos de raigambre historiográfica que estudiamos.

El primero de estos re-bautismos que lleva a cabo Rosales está en la Advertencia al lector de *La Cañadilla de Santiago, su historia i sus tradiciones,* en la que afirma que el nombre más adecuado para el barrio de la Chimba es El Barrio de los Obispos, nombre que le da a la tercera de las tres partes de su obra. Este nombre obedece a que efectivamente en ese barrio es en el que la mayoría de estos ha tenido morada.

> Un ilustre escritor, ya finado, hizo la historia amena e instructiva de la calle de las Monjitas denominándola *El barrio de los Presidentes*, o sea, el núcleo de la aristocracia i del poder por larga serie de años. Pues bien, la Cañadilla no tiene por qué quedar atrás en materia de nombres pomposos, i desde luego ya puede denominársele *El barrio de los Obispos*[23].

En el primer capítulo de la misma obra Justo Abel Rosales afirma que los conquistadores llegaron a Santiago por el Camino de Chile y que Valdivia acampó al norte del río, siendo, de esta manera, el primer propietario de aquellas tierras. Luego, este camino se llamó calle de la Cañadilla, y el autor afirma que debiera llamarse Pedro de Valdivia, y se lo pide explícitamente a la Ilustre Municipalidad. Insiste en que debe cambiarse el nombre de Cañadilla por Pedro de Valdivia, que es el nombre que según él legítimamente le corresponde a esa avenida, y discute, en la misma línea, lo afirmando por Diego Barros Arana, quien dice que el conquistador nunca vivió en la Cañadilla, sino más al oriente, lo que explicaría la calle que lleva actualmente su nombre.

> Por consiguiente, i constando que dicho antiguo camino es hoi lo que conocemos por calle real de la Cañadilla, es incuestionable que esta via pública debiera llamarse en estricta justicia *calle de Pedro de Valdivia,* en memoria del gran capitan que por allí entró i acampó, trayendo a estas ignoradas tierras en la punta de sus sables i en la boca de sus mosquetes las primeras

[22] Este apartado es la base del fragmento "El bautismo de la ciudad", publicado como parte del estudio preliminar a la segunda edición completa de *La Cañadilla de Santiago*. Véase Rosales, Justo Abel: *La Cañadilla de Santiago. Su historia y sus tradiciones. 1541-1887*, Santiago de Chile, Editorial Sangría, 2010, pp. 22-25.

[23] Ob. cit., pág. 4.

> nuevas de la civilizacion europea. I cuando esto no bastare para justificar este cambio de nombres, sépase que Valdivia fué el primer propietario del llano norte del rio, como se comprobará en el capítulo siguiente, por cuya circunstancia, i siguiendo antigua costumbre en Chile, esa localidad debe tomar el nombre del primero que la habitó. Como reparacion póstuma del fundador de esta ciudad, así «lo pido i suplico» (a usanza tambien antigua) a nuestra Ilustre municipalidad, que a fuerza de no hacer nada, está amenazada de perder el *lustre*. Otrosí: pido que este asunto no pase a comision, a fin de que se resuelva antes de que termine el presente siglo[24].

Este tópico reaparece cuando Rosales afirma que el puente Cal y Canto no lleva el nombre que le corresponde, ya que debiera llamarse puente de Zañartu, en honor a su constructor:

> Como hombre público, levantó el puente de Cal i Canto, que debiera llamarse "de Zañartu", i esta fué la única obra digna del agradecimiento público que hizo, a pesar de lo que hai de censurable en la manera cómo la llevó a cabo. Esta sólida obra que ha desafiado los terremotos i las grandes avenidas, está, sin embargo, llamada a desaparecer cuando se canalice el rio; de modo que la memoria de Zañartu empezará a perderse junto con el puente en época tal vez cercana[25].

Es curioso, sin embargo, que la idea de que el puente adquiera el nombre de su constructor no sea original de Rosales. De hecho, la enuncia en un artículo, a propósito del dicho popular "Es un Zañartu", Benjamín Vicuña Mackenna[26].

Esta técnica o recurso para criticar las adscripciones simbólicas de la ciudad, re-bautizando sus elementos, llega a un punto clave en el libro *Historia i Tradiciones del Cementerio Jeneral de Santiago*, en el cual decide cambiar absolutamente todos los nombres de las calles del Cementerio según los muertos que a él le parecen más ilustres de cada una. De esta forma reconfigura los sentidos de la ciudad de manera metafórica a través de la memoria que re-instaura desde la ciudad de los muertos, desde el pasado.

> Para mayor intelijencia del lector i para facilitarle lo mas posible el conocimiento de las diversas localidades de esta callada ciudad, damos aquí nombres especiales a algunas calles, tomándolos de los personajes que mas

---

24 Ob. cit., pág. 9.

25 Rosales, Justo Abel: *Historia y tradiciones del Puente de Cal y Canto*, 1888, pág. 27. En adelante cito de esta edición.

26 Vicuña Mackenna, Benjamín: *Algunos proverbios, refranes, motes y dichos nacionales*, 1931, págs. 90-99.

> merecen la consideracion pública i que allí se encuentran aguardando la esperada resurreccion de los cristianos para el final de los tiempos[27].

Transcribiremos también tres fragmentos que aluden a la problemática desarrollada para dar cuenta de la importancia que para Rosales posee este gesto, que, según él, se constituye como un acto de justicia con la memoria histórica.

> Cuando el Gobierno supo la muerte de Henriquez, le mandó hacer funerales, acompañados de salvas disparadas en el castillo de Santa Lucía; pero no se cuidó de guardar sus preciosos restos, que en los dias en que escribimos hemos tratado en vano de encontrar. ¿No es justo que en memoria de tan gran ciudadano lleve su nombre siquiera la avenida en donde se levanta su busto[28]?
> Hai en este lado de la plazoleta algo como una callejuela, aludida ya al comienzo de la relacion sobre el *Cuartel de los Bomberos*, pero que aun no lo es tal. Sin embargo, los empleados del cementerio la llaman *calle de Lynch*. En rigor de justicia, si algun nombre debiera tener esa no bien diseñada via, no debiera ser otro que el de aquel ilustre ciudadano que gobernó la República diez años en medio de la mas ámplia libertad para todos, i que se llamó *José Joaquin Perez*[29].
> Aquella profesion u oficio, el mas útil de todos los oficios, porque es el eje motor de la rueda del progreso en perpétuo movimiento que se llama la prensa, bien merece que dé su nombre a una calle, siquiera sea ésta la via de la eternal morada. Hasta ahora se le llama *calle del Depósito*, porque en el lugar vecino a la construccion que queda mencionada existió el depósito de los cadáveres que debian ser reconocidos por la autoridad o el médico. Desde que los tipógrafos han levantado en ella, i sostienen aun, su *casa* mortuoria, ¿no es justo que se le llame *calle de los Tipógrafos*[30]?

Así es como a lo largo del libro su autor va deslizando estos enunciados vueltos sugerencia reivindicatoria de la historia nacional. Nos parece una fórmula poética de denuncia, en el contexto de las luchas por la memoria, en las que, sin duda alguna, Justo Abel Rosales fue vencido.

*Fantasmas, espíritus y seres sobrenaturales.*

Otro tópico que Rosales fija en el centro de sus escritos se relaciona con el mundo de lo sobrenatural, es decir, con los seres y circunstancias que escapan

[27] Rosales, Justo Abel. *Historia i tradiciones del Cementerio Jeneral*, 1890, 28. En adelante cito de esta edición.

[28] Ob. cit., pág. 125.

[29] Ob. cit., pág. 137.

[30] Ob. cit., pág. 182.

a la lógica de la empiria. Este elemento está presente de manera muy evidente en todos los textos revisados y, por ende, constituye un rasgo hegemónico de lo que Rosales configura como lo colonial chileno, en la medida en que este va desapareciendo o mostrándose de manera más problemática en los relatos de referencialidad temporal decimonónica.

En el libro *Historia y tradiciones del Puente Cal y Canto* existe un capítulo dedicado particularmente a la existencia de almas, diablos y fantasmas. El apartado aludido comienza del siguiente modo:

> Chile (...) ha sido visitado *en los tiempos pasados* por inmenso número de seres invisibles que han asustado a los mortales dejándose ver en diversas formas, ya figurando enormes fantasmas caminantes o estacionados en lugares determinados; ya tomando la forma de pájaros o animales raros, de aspecto horrible; o ya como ánimas en pena o ánimas alzadas en grupos numerosos (...). En cuanto a brujos i brujas, han existido en tan crecido número, que sobre ellos se encuentran en los archivos antiguos no escasos espedientes formados para castigarlos o simplemente para averiguar su existencia en ciertas localidades, como Chillan i Chiloé[31]. (La cursiva es nuestra).

Como se ve, las *visitas* sobrenaturales son fijadas en un tiempo particular, *en los tiempos pasados*, y aunque la aseveración parezca un tanto amplia, lo importante es destacar que no pertenece a su realidad cultural inmediata.

Luego de describir las apariciones y presencias del otro mundo en el Puente, nuestro autor arriba al segundo tercio del siglo XIX afirmando que ya era todo cosa del pasado y que, en adelante, las historias que parecían asimilarse a apariciones del otro mundo se debían al actuar de delincuentes que se amparaban en ellas para asustar a sus víctimas, o a malos entendidos relacionados con animales, como por ejemplo que el supuesto espectro del corregidor Zañartu que recorría de noche el puente, no era más que un caballo que se le escapaba todas las noches a don Pedro de Vivar, vecino del sector. Rosales, al respecto, afirma:

> Parece indudable que las ánimas cumplieron el plazo que se les habia fijado para andar vagando por estos mundos, i, purgadas las culpas, tomaron el límpido ropaje con que debian entrar en la eterna mansion de luz i de gloria, a donde no se permite a nadie vivir penando[32].

Es bastante simbólico, en este sentido, que Rosales limite la importancia de este tipo de fenómenos a la era colonial, es decir, que limpie de este tipo de creencias

[31] Rosales, Justo Abel: *Historia y tradiciones del Puente Cal y Canto*, 1888, pág. 59.

[32] Ob. cit., pág. 63.

al siglo XIX. Esta marca de colonialidad ligada a los fenómenos paranormales o fantásticos aparece de manera bastante explícita en la novela *Los Amores del diablo en Alhué*, la única de sus obras en la que la temporalidad referencial no supera al siglo XVIII, es decir, no traspasa el hito de la independencia.

En *Los amores del diablo...* lo maravilloso juega un rol fundamental, pero solo algunos personajes de la novela tienen acceso a él: Petronila, la sirvienta negra de la casa de los Barreta, y Santiago, quien es culpado del estupro cometido contra su hija mayor. Es fundamental destacar que en esta novela los elementos sobrenaturales no son accesorios, es decir, no complementan la narración, no funcionan solo como anécdotas de la historia principal. En *Los amores del diablo...* los seres sobrenaturales son el centro de la trama narrada. Por ende, la visión de Rosales liga fuertemente estas historias y creencias a un tipo de sociedad relegada, por lo menos en este sentido, a un pasado que ya nada tiene que ver con su realidad histórica inmediata.

En *La Cañadilla de Santiago, su historia i sus tradiciones*, a propósito de la muerte del corregidor Zañartu, Rosales menciona las creencias populares que afirman verlo pasear la ciudad y el puente como espectro. Pero al mismo tiempo, desmitifica las narraciones aludidas. Del mismo modo, en la crónica acerca del Cementerio General aparecen anécdotas e historias que aluden a la presencia de los muertos en la ciudad de los vivos, pero la voz de Justo Abel Rosales tiende a la desestimación, porque, como anunciaba anteriormente, para él la superstición popular colonial no pervive o no debiera pervivir en la sociedad chilena del siglo XIX.

En el caso de la segunda de sus novelas, la presencia de lo sobrenatural adquiere otro cariz, u otra manera de presentación. En el capítulo diez denominado "El porvenir dentro de una botella", aparece en el local de Rosalía un adivino, quien es capaz de predecir el futuro de los personajes; de hecho, adelanta el feliz matrimonio entre don Pepe y Jacoba y el asesinato del ministro Portales. Sin embargo, a diferencia de la novela anterior, en esta los elementos fantásticos no forman parte de la centralidad del relato, no son encarnados por los personajes principales y son presentados por el narrador y los personajes de la historia como sucesos increíbles; incluso algunos de los personajes desconfían del adivino de la botella y sus prodigios.

De esta manera, el tópico relacionado con lo fantástico en el caso de *La negra Rosalía o el Club de los Picarones* o con lo maravilloso en el caso de *Los amores del diablo en Alhué* y con los espectros y apariciones en el caso de las crónicas, está ineludible e intencionalmente señalado como un rasgo predominantemente anterior al siglo XIX, lo que marca un tránsito cultural importante al momento de revisar cuáles son las pervivencias y rupturas que Rosales ve entre el siglo XVIII y el sistema colonial y su propia cultura decimonónica.

*Construcción de un discurso acerca de lo social o las permanencias del sistema colonial.*

Existe en la obra de Justo Abel Rosales un discurso social, de crítica en algunos casos y de develamiento un poco más ingenuo en otros, construido en base a dos tópicos: primero, en torno al problema de las castas en la colonia y, segundo, respecto a la aristocracia santiaguina y sus descendientes, es decir, sus contemporáneos. Respecto al primero existen algunos pasajes en sus obras de raigambre historiográfica que dan cuenta de una sensibilidad, o por lo menos de una visibilización de la problemática, sobre todo si tomamos en cuenta que dos de los protagonistas de sus novelas son mujeres *negras*. Por otra parte, respecto a las familias de buen tono, redacta enormes textos llenos de referencias y reverencias; sin embargo, no deja de llevar a cabo una dura crítica al resultado de este tipo de estructuración social. En el fondo de sus textos subyace la idea de que el sistema colonial de castas, es decir, la marcada diferenciación social, no ha variado consistentemente durante el siglo XIX.

Como mencionábamos, Justo Abel Rosales elige a dos mujeres *negras* como protagonistas o personajes centrales de sus dos novelas históricas, Petronila (la sirvienta de la familia Barreta) y Rosalía (la dueña del Club de los Picarones).

Petronila Rojas se configura como la sirvienta y cocinera prototípica, es la llavera negra que crió a las tres niñas de la familia. El narrador la caracteriza como una mujer varonil, alegre y muy trabajadora. Juana Putiel, su ama, la maltrataba a menudo y Petronila era tan dueña de casa como esta y gustaba de tonadas y cantatas chuscas, humorísticas. Relacionado con este personaje está el sirviente del rico Faramalla (el diablo), Siroco, quien enamora a Petronila y le descubre la verdad acerca de su propia identidad: él fue un príncipe que como enano paga sus culpas por haber sido mal gobernante y la lleva montando una cabra a su palacio en el cual responde a todas sus preguntas.

> - Son los cortesanos, acostumbrados a vivir a costa de las rentas del Estado. Les he dado honores i privilejios para tener una corte fastuosa i tambien para tener amigos.
> - Entonces has sacrificado seguramente a los pobres, a los contribuyentes, para dar lujo a esos señores, que talvez serán tus adulones.
> - Ese es mi pecado. Aquí cada cual paga muchos pecados cometidos[33].

El príncipe le cuenta a la princesa que toda esa gente está encantada por Faramalla y que están pagando sus culpas; de las mujeres dice: "Son cortesanas,

[33] Rosales, Justo Abel: *Los amores del diablo en Alhué*, 1895, pág. 85. En adelante citamos de esta edición.

mujeres que han pasado por honradas porque han podido disponer de ciertos apellidos i de algunos bienes de fortuna. Rodean a los poderosos (...) donde veas riquezas, esplendores i aduladores, no preguntes por virtud ni por buenas obras"[34].

La crítica que erige Rosales acerca de las clases gobernantes nuevamente es muy explícita y la enuncia desde el habla de Siroco. De esta manera se construye simbólicamente en la novela un castigo al accionar incorrecto de él y los de su clase.

Así mismo existe un pasaje en *Los amores del diablo en Alhué* bastante revelador de las apreciaciones estéticas coloniales relacionado con la condición de casta. El diálogo que reproduciré corresponde a cuando Petronila está en el castillo del Príncipe Oscar (que es, en realidad, Siroco):

> - Yo... princesa...! Si no soi mas que una pobre negra...
> - Nó, aquí no hai negra ninguna (...)
> Dijo la dama, tomando del brazo a Petronila i poniéndola frente a un espejo. La negra quedó mirándose con la boca abierta.
> - Si ésta... no soi yo... Aquí estoi blanca.... i hasta buena moza... a mi parecer...
> (...)
> - Cómo no he de dudar!... Siempre he sido negra de todo el cuerpo... Tal como me encuentro, no me reconoceria ni la negra madre que me parió... Pero, tengo una señal, con la cual no puede haber duda... Un lunar... Por aquí...
> I la Alteza se tomó la abultada barriga i empezó a buscar con la mano derecha alguna cosa, mirando fijamente al espejo.
> - Aquí está, dijo con cierto contento, tocándose i volviéndose a la dama. ¿No ve? Está negro.
> - Eso... no se transforma, repuso la dama.
> I ambas se rieron ruidosamente[35].

De esta manera vemos cómo la categoría de blanca, desplegada en el fragmento transcrito, es prerrequisito obligado de belleza en el mundo colonial construido por Rosales. Aquí no existe una crítica explícita a esa construcción jerárquica y, en último término, altamente excluyente de los cánones de belleza, pero de una forma u otra, al narrarlo de esta manera en su novela, puedo inferir que él está consciente de esa construcción y su arbitrariedad, lo que da cuenta de su visión del periodo colonial chileno, como un mundo en el que la diferencia constituye uno de sus ejes significativos más evidentes, y esta se construye a partir, por ejemplo, de los colores de la piel.

[34] Ob. cit., pág. 86-7.

[35] Ob. cit., pág. 75-77.

En *La negra Rosalía o el Club de los Picarones* llama la atención que Justo Abel Rosales haya elegido narrar los hechos políticos que se desarrollaron en Chile en la década de 1830 a través de la vida familiar de Rosalía y los suyos. Insiste, en este sentido, en mirar Santiago, su historia política y cultural, de una manera oblicua que da cuenta de los sucesos históricos que pervivieron en el imaginario social, pero desde lugares de enunciación marginales a ellos.

Fuera de la aparición de esta problemática en las dos novelas históricas presentadas, Justo Abel Rosales aborda el tema de castas tangencialmente en el libro acerca del Puente Cal y Canto. Respecto a los constructores del puente, afirma la diversidad real, de clase y casta, presente en la colonia, relevando el rol de negros e indios. Al respeto enuncia:

> Entre los trabajadores del puente hubo una variedad de razas. Se contaban negros, mulatos, mestizos, criollos de oríjen español, unos pocos estranjeros, especialmente portugueses, i araucanos, fuera de indios de otras partes de Chile (...) Se contaban en el año 1770 unos 28 indios de pura raza araucana. Habian sido traidos de Arauco para sosegar esa tierra i dejarla libre de alzamientos. (...) Por consiguiente, trabajaron en el puente algunos de los mas esforzados caudillos de Arauco, donde habian sido terribles señores de lanza i maza (...) hasta que fueron dados por libres todos los indios, en marzo de 1771[36].

Es este un pasaje del texto de capital importancia. Las referencias a la guerra de Arauco en la obra de Rosales son escasas, sin embargo es aquí donde aparece, como una fuga, este elemento constituyente del aparataje colonial del siglo XVIII. A través de la enumeración de los constructores del puente aparece la variedad de las identidades subalternas presentes en la era colonial, y las muestra en su fuerza subversiva.

> El puente de Cal i Canto fué un jigante que miró siempre por la union de los barrios norte i sur del rio, por medio de sus once ojos i diez piernas, fabricadas con sólidas piedras i ladrillos, todo unido con *mezcla diabólica de sudor de negros i mulatos* i, ademas, con la clara de medio millon de huevos producidos por todas las gallinas i pavas de Santiago[37]. (La cursiva es nuestra).

En esta cita podemos ver cómo el Puente Cal y Canto, como metáfora de la colonia en Chile, está construido sobre la base de la *mezcla diabólica del sudor de negros y mulatos*. Es decir, continuando con la metáfora, que el funcionamiento

[36] Ob. cit., págs. 14-15.

[37] Ob. cit., pág. 20.

de la institucionalidad colonial fue posibilitado por la existencia de la esclavitud y la servidumbre de las castas ubicadas en el lugar más vulnerable de la estratificación social colonial latinoamericana.

En la obra de Rosales la mención de este tipo de problemática no se limita a los personajes novelísticos de las negras Petronila y Rosalía, o a los constructores del puente Cal y Canto. A lo largo de su obra existen pequeñas referencias, pero constantes, a los problemas de clase y casta; por ejemplo, en *La Cañadilla de Santiago, su historia i sus tradiciones*, alude a las recuas de negros bozales y su posterior venta en subastas públicas. De esta manera podemos ver cómo en la obra de Justo Abel Rosales el tema de la presencia afrodescendiente en Chile está bastante desarrollado y en ningún caso se convierte en la negación que podemos detectar en nuestro imaginario cultural.

En *Historia i tradiciones del Cementerio Jeneral de Santiago* enuncia en la misma línea, respecto a las mujeres de la colonia:

> Hasta el día 17 de febrero siguiente iban enterradas ya siete vírjenes del Señor, lo cual no sorprenderá al lector si recuerda que entónces i en los tiempos anteriores los monasterios rebosaban de mujeres de todas condiciones i colores: unas blancas, es decir, las patronas, que vestían toca, cuando no podian o querian casarse; i otras negras, es decir, las esclavas, que llevaban los recados, los dulces i los chismes por toda la ciudad[38].

Lo interesante es que el autor no deja de explicitar la diferenciación jerárquica entre castas, ni siquiera en estas referencias que aparecen de forma accidental, la mayoría de las veces, a propósito de otra cosa. De esta manera podemos corroborar que, pese a que la crítica o el posicionamiento moral al respecto no emerjan de manera explícita en sus textos, el develamiento de este tipo de funcionamiento social está presente siempre.

Otro tema que cobra importancia en algunos de los textos de Rosales se relaciona con las familias tradicionales santiaguinas, es decir, específicamente con algunos de sus representantes ilustres y sus redes societales. Esto se vuelve muy evidente en *Historia i Tradiciones del Cementerio Jeneral de Santiago*, en la medida en que se articula un discurso que rescata los hombres destacados de ciertas profesiones, tales como abogados, sacerdotes o escritores, hablando acerca de sus vidas tanto familiares como profesionales, en las cuales se remarcan sobre todo las relaciones de parentesco directo.

Esta visión legitimadora y complaciente de la estructuración social de principios del siglo XIX, y podríamos decir de finales del siglo XVIII si tomamos en cuenta su admiración por el corregidor Zañartu y su linaje, se ve opacada cuando se refiere a los descendientes de estos importantes señores, es decir, sus contemporáneos. Esto se explicita de manera muy clara en un fragmento que

---

38 Ob. cit., pág. 14.

escribe a propósito del "robo" de la inscripción de piedra del Puente Cal y Canto por parte de un descendiente de Luis Manuel Zañartu.

> Si seguimos este camino, no tardará el dia en que veamos a algun señor Valdovinos reclamar para sí la piedra incrustada en el frontis del edificio de la Intendencia, por haberlo construido en el siglo pasado el español don Rodrigo Antonio Matias de Valdovinos, fundador, como el correjidor Zañartu, de la familia de su apellido en Chile; i así todas las inscripciones puestas en nuestras antiguas construcciones públicas estarán amenazadas constantemente de ir a parar al zaguan de algun señor que quiera agregar a sus blasones de pergaminos, otro más de piedra esculpida (...) En Europa esto equivaldría a un crímen; pero en nuestro pais somos mas sesudos y no nos afanamos tanto por una piedra.
> (...) La piedra conmemorativa es una reliquia que no debe confundirse con las piedras que arrastra el rio o con las que han formado la base de la obra: es un verdadero documento de piedra, hecho como se usaba ántes y que hoi se debe conservar en el lugar que determine la Municipalidad y nó en otro[39].

Resulta bastante clara la crítica que efectúa Rosales: pese a que reconoce la importancia de funcionarios como Luis Manuel Zañartu, no está dispuesto a que por eso, lo que construyeron física y simbólicamente no les pertenezca a los chilenos en su totalidad, de ahí que rechace la apropiación de la memoria por parte de las élites a las que evidentemente él tampoco pertenece. De este modo vemos cómo en la sociedad de finales del siglo XIX se mantienen las lógicas de funcionamiento social colonial, y el autor así lo denuncia.

*La figura del corregidor Zañartu como ícono cultural*[40].

El último elemento que quiero rescatar como una constante en la producción narrativa de Justo Abel Rosales es la presencia, justamente, del Corregidor y Justicia Mayor de Santiago, don Luis Manuel Zañartu. Este aparece en la obra de Rosales únicamente en dos textos, y estos son: *La Cañadilla de Santiago, su historia i sus tradiciones. 1541-1887*, e *Historia y Tradiciones del Puente de Cal*

---

39 Ob. cit., pág. 76.

40 Este apartado es la base de un segmento del artículo "Corregidor Zañartu: autoritarismo y linaje" que publiqué en coautoría con Ximena Azúa Ríos. Véase *Revista de Estudios Filológicos*, Valdivia, Chile, N° 49 (junio 2012), pp. 13-17 y del segmento "El rescate del pasado" publicado como parte del estudio preliminar a la segunda edición completa de *La Cañadilla de Santiago*. Véase Rosales, Justo Abel: *La Cañadilla de Santiago. Su historia y sus tradiciones. 1541-1887*, Santiago de Chile, Editorial Sangría, 2010, pp. 25-28.

*y Canto*. En el prólogo al lector de este último el autor menciona que muchos de los datos están presentes en su trabajo anterior, *La Cañadilla de Santiago*. En la medida en que este sirve de base al segundo, ambos textos no constituyen relatos antagónicos o diferenciables respecto al personaje que nos ocupa; de hecho, el libro referente al puente no aporta específicamente nuevos datos a los ya entregados en su predecesor.

Desde esta perspectiva, analizaremos fundamentalmente el primero de estos textos que dedica la segunda de tres partes únicamente al corregidor Zañartu. Para entender la real importancia que le asigna Rosales, aludiremos a dos estrategias textuales recurrentes en su narrativa, desarrollada en profundidad más adelante, pero que anunciaremos brevemente ahora. Justo Abel suele autorizar su escritura indicando que sus fuentes corresponden a los documentos reales de los archivos antiguos coloniales. Y, por otra parte, deslegitima otras versiones basándose justamente en el desconocimiento de otros autores acerca de los mismos. De esta manera se vuelve evidente que la construcción que realiza Rosales del corregidor Zañartu también funciona como una respuesta, más bien como una corrección de la versión que Benjamín Vicuña Mackenna ha expuesto en el artículo referente al dicho popular "Es un Zañartu"[41], texto en el que delimita las características relevantes del Corregidor a partir del dicho popular que lleva su nombre y alude a su particular personalidad.

Vicuña Mackenna, a propósito de la descripción de su estancia entre los años 1845-1850 en la Hacienda de Longotoma cuando era un niño, destaca a un caballo indomable, al que llamaban "Zañartu". A partir de él describe a don Luis Manuel de Zañartu como: "altivo, rígido, cruel en ocasiones, insolente casi siempre" pero con ciertas virtudes morales que lo igualan, según el narrador, a don Diego Portales: desinterés personal, franqueza y responsabilidad de sus hechos, odio vehemente a la injusticia y al crimen, quien "Edificó templos y claustros a su costa, encerró en tristes celdas a sus hijas, llevadas allí desde la cuna por cristalino temor a los contagios del mundo, y construyó con el presidio y el azote el famoso puente que debiera llevar, harto mejor que los caballos chúcaros, su ilustre apelativo de patriota"[42].

Respecto a su desempeño como Corregidor afirma:

> Esto hacía don Luis todos los días y todas las noches, patrullando a todas horas en persona la ciudad, y los arrabales y azotando y ahorcando a mansalva la indómita ratería, surgió contra él (...) el odio intenso que

[41] Diario *El Ferrocarril* sección de refranes y dichos populares publicados entre el 6 de agosto de 1878 y el 14 de enero de 1879. Fue editado como libro póstumamente como *Algunos proverbios, refranes, motes y dichos nacionales*. Santiago de Chile, Talleres Gráficos Salesianos, 1931, págs. 90-99. En adelante cito de esta edición.

[42] Ob. cit., pág. 95.

> hizo de su nombre el emblema de todas las crueldades, salteos, maulas, y bellaquerías de la época[43].

Según Benjamín Vicuña Mackenna, el corregidor Zañartu no era aborrecido únicamente por la *canalla* sino también por los criollos y caballeros de Santiago, lo que queda testimoniado en los autos que contra él se formaron al término de la construcción del Puente Cal y Canto (1772).

Justo Abel Rosales reacciona a esta visión del Corregidor estabilizada por Vicuña Mackenna, enunciando lo siguiente:

> La tradicion, o sea el dicho vulgar i anónimo que ha llegado hasta nosotros, nos ha pintado a este personaje como un tiranuelo, cruel en sus castigos muchas veces injustos, de jenio durísimo i arrebatado, i así tambien nos lo ha dado a conocer el señor Vicuña Mackenna en uno de sus amenos artículos, para esplicar el dicho popular «es un Zañartu». Este escritor cayó en el error en que han incurrido muchos, si no todos los que han oido algo de ese personaje, es a saber, que Zañartu azotaba, castigaba de diversas maneras, i ahorcaba arbitrariamente, horas despues, i a veces inmediatamente de ser habido un delincuente. Afirmo que esto es inexacto, en presencia de documentos irrefutables que prueban lo contrario, cuáles son los innumerables procesos levantados en su tiempo[44].

Ahora bien, ¿cuál es la reivindicación que el autor está llevando a cabo? Claramente Justo Abel no está de acuerdo con la caracterización que la tradición y Vicuña Mackenna han realizado, es decir, para él Zañartu no fue un *tiranuelo*, y, entre otras cosas, escribe un extenso libro para probarlo. Afirma que es inexacto afirmar que Zañartu poseyera dicha calidad moral, *en presencia de documentos irrefutables que prueban lo contrario*. Sin embargo, no existen documentos que demuestren precisamente la probidad del Corregidor, sino, por el contrario, si recordamos las intensas acusaciones de las que fue víctima a propósito de los malos tratos y abusos cometidos en contra de los constructores del puente Cal y Canto[45]. Entonces, ¿en qué se basa Rosales para "limpiar" la figura de Luis Manuel Zañartu?

---

[43] Ob. cit., pág. 96.

[44] *La Cañadilla de Santiago*, 1887, pág. 47.

[45] En los últimos años de su vida Zañartu fue acusado por su conducta de funcionario principalmente por el Procurador de la ciudad, don Pedro de Mestas, y por los fiscales de la Real Audiencia Lorenzo Blanco Cicerón y don Antonio Zerdam después. Lo acusan de robar para sí dineros destinados a obras públicas y en general de abusar de su cargo de poder para imponer su voluntad a los más débiles.

Justo Abel Rosales afirma que dada la solidez institucional de la Real Audiencia, el corregidor Zañartu no poseía la libertad de actuar a su antojo, ya que este era un sistema de un alto nivel de regulación:

> (...) Zañartu no procedia arbitrariamente en el perseguimiento de los delincuentes, i que en todo se ajustaba a las leyes vijentes, aun para los casos mas insignificantes. (...) En lo que Zañartu se hizo celébre (sic), fuera de las grandes construcciones de importancia jeneral en que figuró, fué en el mantenimiento del órden público i en el esmero que puso por inculcar en las masas hábitos de moralidad i decencia, en especial en los negros i mulatos, i tambien en los de mas alta esfera que en algo se desmandaban[46].

El autor de *La Cañadilla de Santiago, su historia i sus tradiciones* insiste una y otra vez en que el Corregidor estaba altamente imposibilitado de actuar de manera inadecuada dada su subordinación a la institucionalidad gubernamental que representaba la Real Audiencia:

> Como se vé, i recordando lo que tengo dicho en párrafos anteriores, no fué tan llana la vida pública del correjidor Zañartu, ni mucho menos gastó la omnipotencia ni el poderio que el vulgo le atribuye. El primero de los dos autos que quedan copiados es una prueba mas de lo que tambien tengo dicho, esto es, que no habria tolerado, como no toleró nunca la Real Audiencia, un solo desman del Correjidor Zañartu, ni de ningun otro subalterno[47].

Siguiendo la misma línea argumentativa, Rosales alude al famoso episodio en que el Corregidor atrapó en la Iglesia del Carmen a un negro que había asesinado a su amo. Justo Abel deslegitima lo que enuncia al respecto Vicuña Mackenna, quien instaura, según él, una "tradición falseada" porque afirma que el negro fue ahorcado de inmediato luego de su captura. Rosales escribe que existe el registro del proceso en los archivos de la Real Audiencia y recuerda que respecto de este tipo de crímenes se seguían ceremonias que implicaban, por lo bajo, varios días de proceso y ritos tales como rapar de cuerpo entero al asesino. De esta manera, el autor critica la caracterización de Zañartu como un hombre impetuoso, que actuaba de suyo propio guiado por la ira y el descontrol; por el contrario, lo presenta como un funcionario público ceñido a las leyes judiciales imperantes en el siglo XVIII chileno, haciendo una defensa de la

[46] Ob. cit., pág. 49.

[47] Ob. cit., pág. 52.

Real Audiencia, por ende del poder judicial y de la institucionalidad colonial en general.

Uno de los episodios más polémicos de la vida del corregidor Zañartu lo constituye el encierro de sus hijas pequeñas en el Monasterio del Carmen de San Rafael (construido por el mismo Zañartu). Según Rosales, la mayor, doña Teresa de Jesús, tenía entonces nueve años, y su hermana María de los Dolores siete, cuando ingresaron en calidad de novicias. Es por este dato no menor de su biografía que el Corregidor es recordado como un ser cruel y brutal. Se sabe que obtuvo licencia papal para que sus hijas entraran al convento pese a su corta edad, y que evidentemente esto no constituía el deseo de las niñas. De hecho, bastante tiempo después de su muerte, la problemática seguía vigente en la medida en que Zañartu heredó todos sus bienes al Monasterio en el que habitaban sus hijas, pero sus demás herederos también reclamaban privilegios para sí; por otra parte se comenta que la menor de las niñas se negaba a continuar en encierro. Lamentablemente cuando la licencia papal que le permitiría salir llegó, esta ya había muerto a los 39 años de edad. Por otra parte, la hija mayor del Corregidor, para solucionar el tema de la herencia, dejó el hábito religioso, heredó al Monasterio todo lo que poseía, y luego volvió al encierro, profesando nuevamente su vocacional monacal[48]. Llama la atención que frente a esta polémica Justo Abel Rosales argumente que la calidad de viudo del Corregidor era suficiente excusa para tomar aquella determinación, que por lo demás no se apartaba de las normas sociales adecuadas a su época.

Aplicamos entonces a Zañartu el concepto de ícono cultural de Rolena Adorno para entender que lo que subyace en las declaraciones de Benjamín Vicuña Mackenna y en la respuesta enfática de Justo Abel Rosales respecto de ellas se relaciona menos con la figura particular del corregidor Zañartu y más con la configuración simbólica de una época de la cual él funcionaría como metáfora.

> Al hablar de "íconos culturales" (esto es, supuestas representaciones de una esencia cultural), pienso en imágenes originadas a partir de un caso histórico y que satisfacen una necesidad primeramente social de definir,

[48] Acerca de este proceso, en 1842 se creó una polémica entre D. F. Sarmiento y el Arzobispo Valdivieso, a propósito de que el primero en una crítica a una obra de teatro enunciara que la monja Zañartu había tenido amores en su juventud, lo que la volvió loca durante su estadía en el Monasterio. El arzobispo defendió el honor de la monja, a lo que Sarmiento respondió que no había dicho nada que el pueblo no supiera y que el papado había mandado una orden para que esta saliera pero que sin embargo llegó después de su muerte, lo que ratificaría, según Sarmiento, la forma irregular en la que ella ingresó.

explicar, interpretar y proponer los modos ideales de comportamiento de una realidad dada[49].

De esta manera, Justo Abel Rosales, a través de la figura del corregidor Zañartu, "limpia" una época que ha sido mal juzgada, mal caracterizada tanto por la tradición como por las voces autorizadas, tales como la de Benjamín Vicuña Mackenna, quienes no han conocido realmente la complejidad y grandeza de la colonia chilena por desconocer el legado documental que nos ha heredado.

De esta forma hemos fijado cuáles son, en la obra de Justo Abel Rosales, las temáticas recurrentes que fijan de cierto modo la historia de Santiago a partir de un pasado colonial no superado por las guerras de independencia, ya que el autor narra repetidas veces sucesos ocurridos en la vuelta del siglo XVIII al XIX y es escasa la diferenciación que lleva a cabo entre un sistema y otro. Esto ocurre no porque no quiera dar cuenta de la importancia histórica de dichos sucesos sino porque su focalización no está puesta necesariamente en la historia político-militar chilena sino en las pequeñas historias que subyacen en la ciudad. En el mismo sentido, y marcando nuevamente la continuidad entre Colonia y República, Rosales da cuenta de la permanencia en el siglo XIX de una estratificación social muy marcada y parece denunciarla a través de destacar la sociedad de castas colonial.

Lo mismo ocurre respecto de la defensa que lleva a cabo, a partir de la figura del corregidor Zañartu, de la institucionalidad colonial. Recordemos que Rosales fue un funcionario público y de alguna manera su defensa de la Real Audiencia y el énfasis con que construye su legitimidad aparece constituyéndose como un origen valioso de la institucionalidad decimonónica a la que él pertenece.

Justo Abel Rosales configura ejes temáticos en su escritura que tienden, como mencionaba anteriormente, a señalar el pasado colonial chileno para justificar indirectamente juicios acerca de su propia realidad social. Nos parece que el ejercicio de re-bautismo simbólico que lleva a cabo ejemplifica esta aseveración. Recurre al pasado con el objetivo de demostrar lo errores que han configurado la memoria nacional a través de nomenclaturas equivocadas de calles, puentes y barrios. Respecto de los seres sobrenaturales y demoníacos, estos le permiten hacer, a nuestro modo de ver, una diferenciación tajante entre el pasado y su presente: la superstición corresponde a los tiempos coloniales. Llama la atención, sin embargo, que pese a que su voz de narrador tiende constantemente a la desestimación de este tipo de fenómenos, se lee entre las líneas de sus textos que él considera que la superstición debería ser cosa del pasado, pero que sin embargo de una u otra forma pervive; de lo contrario, no sería un tema en su obra.

49 Adorno, Rolena: "La estatua de Gonzalo Guerrero en Akumal: íconos culturales y la reactualización del pasado colonial", 1996, pág. 906.

Presentados de esta manera los ejes temáticos más relevantes de su escritura y sus significaciones, analizaremos ahora cuáles son las estrategias discursivas que utiliza para legitimar los juicios que construye.

## Estrategias discursivas y autorización textual

Ya fijados los seis tópicos más relevantes en la escritura de Justo Abel Rosales, corresponde ahora revisar las principales estrategias discursivas que le son propias. Por estrategias discursivas entenderemos las fórmulas que utiliza para escribir y autorizar sus textos. En realidad, Justo Abel Rosales utiliza como principal estrategia discursiva y vía de autorización textual la referencia a los documentos de los archivos antiguos de Santiago. Sin embargo, y complementando esas referencias, existen innumerables alusiones a testimonios de personas antiguas de la ciudad y a poemas, canciones y anécdotas, que le permiten dar cuenta cabal de los asuntos de que trata. De esta manera sus obras, tanto las novelas históricas como las *Historias y tradiciones* contienen una diversidad de soportes textuales, de textos incrustados, lo que las vuelve, en este sentido, bastante polifónicas. La utilización constante de este recurso nos habla también de una especie de inseguridad por parte de Rosales, en la medida en que si necesita citar constantemente a otros, es porque siente que su propia palabra no es válida como verdad absoluta o posible *a priori*.

En primer lugar revisaremos cómo opera el principal mecanismo de autorización textual utilizado por el autor, que se relaciona con la figura del documento. La línea de legitimación de Justo Abel Rosales se basa principalmente en que él afirma una y otra vez que lo que escribe se halla en los documentos reales de los archivos, y que allí radica la validez de sus enunciados. Recordemos que su trabajo en la Secretaría de la Corte de Apelaciones de Santiago y luego en la Biblioteca Nacional le posibilitó ciertamente ese contacto. En cada uno de sus textos enuncia las "fuentes" que le han permitido escribir.

Es oportuno, en este momento, recordar la doble etimología de la palabra archivo anunciada por Derrida[50]: esta proviene de la palabra griega *Arkhé* que nombra a la vez el comienzo y el mandato, es decir, es el lugar desde el cual el orden es dado. Me parece muy interesante que en el caso de Rosales, sujeto marginal dentro de las estructuras del poder decimonónico, esta noción de verdad anclada en la ley le permita el ejercicio escritural a través del cual problematiza al mismo orden que le permite escribir. Pero veamos cómo funciona este mecanismo en su obra.

En *La Cañadilla de Santiago, su historia i sus tradiciones*, existe una interesante nota, en la que enuncia respecto al descubrimiento de la Isla de Juan Fernández lo siguiente:

[50] Derrida, Jacques: *Mal de archivo*, 1997, pág. 9 y siguientes.

> (...) del cual existen mui buenas noticias en el Archivo de la Real Audiencia, que no tuvo presente el señor Vicuña Mackenna al hacer la historia de esas islas. Lo que prueba que en Chile suelen escribirse historias desconociendo casi en absoluto a nuestros ricos archivos antiguos, que hoi se hallan, en su mayor parte, instalados en la Biblioteca Nacional (...) [sin ellos] este trabajo no habría tenido un solo documento sobre qué basarse, i por consiguiente, no se habria hecho, ni aun proyectado[51].

En este pequeño fragmento de una cita a pie de página aparece de manera muy explícita la importancia que Rosales les asigna a los documentos de los archivos. Para él son el principio, la base sobre la cual se puede escribir acerca de algo, son, en este sentido, absolutamente indispensables, ya que sin ellos su obra *no se habría hecho ni aun proyectado.*

Aquí aparece también otra característica fundamental de esta narrativa, la deslegitimación de las versiones oficiales publicadas acerca de ciertos hechos históricos, basándose en su desconocimiento de los documentos antiguos. En este caso es Vicuña Mackenna quien se ha equivocado acerca del año y la historia del descubrimiento de la isla Juan Fernández por no tener presente el Archivo de la Real Audiencia. De esta manera podemos ver cómo la revisión de los documentos no es un prerrequisito para todo el que desee historizar un hecho; por ejemplo, Benjamín Vicuña Mackenna no lo hace para referirse a la historia de la isla. Es Rosales quien forzosamente debe recurrir a ellos dado que no posee la trayectoria, el prestigio o incluso el apellido del historiador a quien corrige.

Lo mismo ocurre respecto al origen del nombre Chile. Rosales desautoriza nuevamente la versión de Vicuña Mackenna, ya que este lo atribuía al nombre de un cacique del Valle de Aconcagua y no al Camino de Chile, verdadero origen del nombre patrio, según los datos presentes en los documentos antiguos.

En el caso de *Historia y tradiciones del Puente Cal y Canto* también cuestiona lo que habían afirmado tanto Barros Arana como Vicuña Mackenna respecto a la fecha de comienzo de los trabajos del Puente. Rosales desautoriza sus versiones ya que en un documento del Cabildo se anunciaba que Zañartu todavía se hallaba recolectando material en una fecha posterior a las fijadas por ambos historiadores.

Nadie escapa a la ratificación de Rosales en lo que concierne a las fechas exactas en las que ocurrieron los sucesos que historiza. Por ejemplo, respecto de un viaje del Obispo Alday el autor afirma que:

> Monseñor Eyzaguirre se equivoca en diez años, en la historia de Chile, respecto de la fecha en la que Aldai fué al Perú para asistir al concilio[52].

51 Ob. cit., pág. 30.

52 Ob. cit., pág. 140.

De este modo, el valor que le asigna Rosales a los documentos es relevante, le permite escribir autorizadamente pese a su marginalidad en los circuitos oficiales, y desacreditar las versiones que de ellos han construido historiadores como Benjamín Vicuña Mackenna y Diego Barros Arana.

Importante es destacar aquí que las referencias a documentos presentes en los archivos no se limitan a las obras de raigambre historiográfica que el autor escribe, sino que se extiende incluso a la escritura de la primera de sus novelas, *Los amores del diablo en Alhué*, la que se basa íntegramente en un caso judicial de 1792, archivado en el Registro de la Real Audiencia con el nombre de "Santiago Barreta, criminal en su contra por estupro"[53].

Una segunda línea de legitimación textual se construye, en los textos de Rosales, a partir de los testimonios que recoge de diversas personas relacionadas directa o indirectamente con los hechos de los que se hace cargo. Esta característica de su narrativa se explicita, por ejemplo, en una especie de advertencia que escribe en *Historia y tradiciones del Puente Cal y Canto*, denominada "Al Lector":

> Datos de otro jénero i buen número de tradiciones sobre el puente han sido recopilados últimamente para este trabajo, para lo cual me he acercado a muchas respetables i antiguas personas de ámbas márjenes del Mapocho, quienes me han favorecido con el concurso de su buena voluntad i mejor memoria[54].

De esta manera vemos cómo las relaciones orales de los testigos de la historia santiaguina también se constituyen en fuentes del trabajo de Rosales. Él alude a ellas constantemente, por ejemplo, en el libro acerca de la Cañadilla de Santiago:

> La tradición aquí referida por lo que respecta a don Fermin Fábres me ha sido confirmada, casi en su mayor parte, por el apreciable caballero i notario público don Mariano Melo Egaña, quien consultó el caso a mi presencia, por teléfono, con don José Francisco Fábres, hijo de don José Clemente Fábres, en la tarde del juéves 17 del presente mes de noviembre en su notaría. Otra parte de esta misma tradicion la he obtenido del testimonio de varias respetables personas que he consultado espresamente[55].

Tomando en cuenta que los textos que estudiamos citan constantemente otros textos, es decir, documentos pertenecientes a los archivos, testimonios

[53] Del cual nos haremos cargo en el capítulo siguiente.

[54] Ob. cit., pág. 4.

[55] Ob. cit., pág. 156.

orales recopilados por el autor, anécdotas, poemas, tonadas, recetas de cocina, entre otros, estas obras se convierten en textos bastante heterogéneos. Si bien la voz hegemónica del narrador no desaparece entre esta diversidad textual presentada, sí se debilita en la medida en que para justificar cada una de sus aseveraciones transcribe inmensos documentos y justificaciones de todo tipo.

Como mencionábamos anteriormente, la novela *Los amores del diablo en Alhué* se basa completamente en un caso judicial, y quien nos lo informa es el propio Justo Abel Rosales en una advertencia que precede a la novela. Advertencia que rompe absolutamente el pacto de verosimilitud literario, ya que quiebra la autonomía de la novela desde su comienzo aludiendo al hecho de que Benjamín Vicuña Mackenna habría estado leyendo el proceso y buscando datos a su respecto.

> Este proceso, i numerosos papeles con él relacionados, los examinó don Benjamín Vicuña Mackenna (...). Para agregar nuevos datos a un trabajo que sin duda pensaba emprender, escribió el señor Vicuña Mackenna a un vecino de aquel pueblo. La siguiente contestación, que orijinal existe en la Biblioteca Nacional como aquellos otros documentos, es un comprobante de lo que queda espuesto (...).
>
> Más afortunado que el ilustre Vicuña Mackenna, el autor del presente trabajo ha podido reunir copiosos datos de todo jénero tomados de aquel proceso i de seis espedientes mas que con él tienen relacion. Con estos antecedentes, i con las tradiciones recojidas de personas antiguas, pudo escribir estas pájinas que recuerdan la historia rápida de Alhué i de los diabólicos i curiosísimos amores del rei universal de los enamorados[56].

Vuelven a aparecer aquí la importancia primero de los documentos de los archivos, luego las narraciones orales de las personas antiguas y sobre todo la relación que establece Rosales con la figura de Vicuña Mackenna; de hecho, escribe una novela *porque* supone que él pretendía llevar a cabo una investigación, y por ende una publicación respecto de la causa. Incluso se autodenomina como afortunado, al haber podido encontrar los datos que el historiador no pudo. De esta manera se establece una relación de admiración y de dependencia, pero al mismo tiempo de superación de Rosales frente a él, en la medida en que encontró lo que el primero no pudo.

Respecto de la diversidad de soportes textuales presentes en las obras de Rosales, en la Introducción ha quedado de manifiesto cómo son comunes las inserciones de poesías, tonadas y anécdotas, por ejemplo en *Historia i tradi-*

[56] Ob. cit., pág. 3-4.

*ciones del Cementerio Jeneral de Santiago* y en *La negra Rosalía o el Club de los Picarones.* Revisaremos entonces con un poco más de detención cómo funciona esta práctica escritural en *La Cañadilla de Santiago, su historia i sus tradiciones,* a modo de ejemplo.

La obra comienza con dos epígrafes que corresponden a un fragmento de una declaración jurada del capitán Juan Ortiz de Cárdenas en 1613 y un escrito presentado al Gobierno por un Procurador de la ciudad en 1787. El capítulo primero comienza, y rápidamente, para autorizar su escritura, Rosales alude a documentos que están "al alcance de su mano" para ratificar su teoría de que el nombre patrio deviene del nombre del camino de Chile. Luego los presenta, transcribiéndolos completos: pertenecen al Archivo de la Real Audiencia, y tratan problemas de límites en el barrio de la Chimba, y por tanto, indirectamente aluden a la importancia de este camino.

Luego el autor transcribe, entre otras cosas, un documento de 1562 del remate de las tierras que tenía en el sur Pedro de Valdivia, una cláusula testamentaria de Rodrigo de Araya respecto a sus tierras de Quillota y al pleito con los indios al mando de Jerónimo Cacique.

En la segunda parte de *La Cañadilla...* transcribe una pequeña carta que "rescata la ortografía de este célebre personaje" refiriéndose al corregidor Zañartu y la sentencia respecto a la pureza de sangre en la cual se le reconoce hidalguía. Realiza también una narración de la leyenda popular que da cuenta del momento en que Zañartu asciende al cielo con su ángel guardián y San Pedro no lo quiere dejar entrar, y por último, elabora un apéndice en el cual transcribe el Testamento del Corregidor completo entre las páginas 128 y 131 del libro.

Aparece también, transcrito completo, el romance de sor Tadea García de la Huerta, en el cual se lleva a cabo la relación de la inundación que hizo el río Mapocho de la ciudad de Santiago en el Monasterio de las Carmelitas, titulado San Rafael el día 16 de junio de 1783.

Se transcriben, así mismo, cartas de O'Higgins, anécdotas del bandido Liberona, y tradiciones sacadas de manuscritos privados como los del abogado Astorga. De esta manera podemos ver cómo estas incrustaciones textuales cobran una relevancia protagónica en la narración de Rosales, quien las utiliza constantemente para justificar, autentificar y finalmente autorizar en todo sentido sus libros.

Podemos concluir entonces que pese a que la legitimación explícita de la obra de Rosales –la autoridad de sus enunciados– está construida a partir de las continuas referencias a documentos antiguos, la presencia de testimonios, tradiciones y datos de diversa índole complementa las referencias historiográficas convirtiendo sus libros en soportes de variadas textualidades provenientes de diversos ámbitos, incluyendo lo costumbrista, lo propiamente historiográfico y lo literario.

## Capítulo II
# Categorización textual de las obras: novela histórica y tradición.

## Categorías textuales: Apuntes para una discusión

Siguiendo los planteamientos de Walter Mignolo, nos atrevemos a insistir en un tema no menor si pretendemos dedicar este segundo capítulo a la problemática de la categorización textual. Nos referimos específicamente a la perspectiva que él lleva a cabo respecto de los criterios que sostienen el canon literario latinoamericano y sobre todo a su utilización del concepto de texto (y de estudios textuales, en consecuencia), en vez de literatura o historia y estudios literarios o historiográficos, respectivamente:

> Este conflicto nos lleva a pensar que quizás no debemos proceder integrando nuevos textos al canon (por ejemplo atribuyéndoles quizás impropiamente propiedades literarias o hispanoamericanas), sino revisando los criterios sobre los que apoyamos nuestras decisiones disciplinarias, mediante los cuales las justificamos. Si pensamos que solo aquellos objetos que tienen propiedades "literarias" e "hispanoamericanas" son de legítimo interés para los estudios de la literatura hispanoamericana, quizás le prestemos flaco servicio a la disciplina. Sería tal vez más conveniente aceptarlos por su valor TEXTUAL (discursos conservados en el archivo –memoria colectiva– y significativos en la historia de un grupo o de una comunidad). [...] "Estudios textuales" puede ser una denominación más apropiada que "estudios literarios"[57].

En Chile el profesor Grinor Rojo se ha ocupado del tema en su libro *Diez tesis sobre la crítica*, en el cual afirma que los juicios que sostuvieron la diferenciación categórica entre la historia y la literatura se han desdibujado en la medida en que ninguna característica atribuida tradicionalmente a la literatura, como por ejemplo la ficcionalidad, puede pertenecerle a ella en forma exclusiva,

[57] Mignolo, Walter: "El mandato y la ofrenda: La *Descripción de la ciudad y provincia de Tlaxcala*, de Diego Muñoz Camargo, y las relaciones de indias", 1987, pág. 453.

como ya probó con creces Hyden White en sus libros: *El texto histórico como artefacto literario* y *Metahistoria*[58], en los cuales explicita la utilización de figuras retóricas (tropos) tanto en una disciplina como en la otra[59]. Rojo sistematiza las nociones de texto y discurso, definiéndolos simplemente al primero como el continente de la totalidad significativa expresada (no necesariamente verbal) y al segundo como los desarrollos sémicos contenidos en cada texto, que entre sí pueden establecer relaciones de complicidad o tensión. Grinor Rojo utiliza el concepto de Teoría Crítica para lo que Mignolo denominaba Estudios Textuales. Aparece entonces la relación entre los planteamientos del profesor Rojo y los de Raymond Williams, quien en su libro *Marxismo y Literatura* escribe acerca de las estructuras del sentir o de la experiencia, que de una u otra manera dan cuenta de la emergencia simultánea de distintos tipos de discurso dentro de una misma estructura. De esta manera esta es definida como "un grupo con relaciones internas específicas, entrelazadas y a la vez en tensión"[60]. Claramente los planteamientos de Williams no aluden necesariamente a textos, sino más bien son hipótesis culturales. A nuestro modo de ver, son un proceso que podemos entender sucediendo en cualquier tipo de producción simbólica.

De esta manera, queda suficientemente claro que la distinción tradicional entre los textos narrativos es arbitraria y que es en este sentido por el que avanza esta investigación, ya que podríamos simplemente anular o superar la problemática homologando todos los textos narrativos de la cultura. Sin embargo, y siguiendo a Williams nuevamente, creemos que es necesario traer al presente el proceso de constitución significante de las escrituras de Justo Abel Rosales que nos ocupan. Claramente estas se inscriben en tradiciones genéricas o en "modos discursivos ejemplares"[61] que las condicionan y les permiten ciertos marcos de inteligibilidad contextual.

---

58 White, Hyden: *Metahistoria. La imaginación histórica en la Europa del siglo XIX*, 1998 y *El texto histórico como artefacto literario*, 2003.

59 Hyden White en el prefacio a su libro *Metahistoria* afirma que construirá una teoría de la obra histórica, entendiendo que esta es una estructura verbal en forma de discurso en prosa narrativa, con un contenido estructural de naturaleza poética que sirve como paradigma, y este se vuelve su elemento metahistórico. Es decir, que los cuatro tropos (metáfora, metonimia, sinécdoque e ironía) son cuatro modos principales de conciencia histórica y que el modo tropológico y su correspondiente protocolo lingüístico forman la base metahistórica de cualquier obra histórica.

60 Williams, Raymond: *Marxismo y literatura*, 1980, p. 155.

61 Que Grinor Rojo caracteriza como "un repertorio de virtualidades de forma y contenido (...) que se hallan disponibles en la historia de antemano, que los autores y los lectores identifican primero, en las cuales se educan después y que por fin pueden/logran operativizar durante la performance de las actividades que según ellos entienden son las que mejor se adecuan a sus posiciones dialógicas respectivas en relación con cualesquiera que sean los textos del caso". En *Diez tesis sobre la crítica*, Santiago. LOM 2001, p. 73.

Analizaremos primero la (no)presencia de Rosales y sus textos en los estudios tradicionales y contemporáneos acerca de la literatura chilena del siglo XIX, para arribar a un análisis particular de la novela *Los amores del diablo en Alhué*, comenzando por revisar al género literario que le ha sido asignado por los pocos lectores críticos que ha tenido: la novela histórica. Pretendemos entender, de esta manera, su proceso de constitución, su horizonte de expectativas y la adecuación que presenta o no al género (literario) histórico. Por otra parte, daremos cuenta de las problemáticas de la referencialidad, la ficción y finalmente la representación presentes en la novela.

Luego nos dedicaremos al análisis genérico o modal del texto *Historia y Tradiciones del Puente Cal y Canto*, desde los paradigmas historiográficos tradicionales y su adecuación al género de la tradición o al de la crónica.

Finalmente relacionaremos ambas producciones desjerarquizando el estatuto de verdad que suele enjuiciar a toda producción narrativa para dar cuenta de ambas producciones como estabilizaciones posibles del pasado colonial chileno, ambas aportando a un proyecto escritural específico, desde diferentes marcos de legitimación, elementos constructores de un imaginario social que pudo llegar a ser.

## Justo Abel Rosales y las Historias de la Literatura Chilena

La nula presencia de la figura y obra de Justo Abel Rosales en las discusiones y estudios actuales acerca de la literatura chilena[62] no sorprenden tanto como su ausencia rotunda en las tradicionales y generales *Historias de la literatura chilena*. No aparece en los trabajos de Cedomil Goic[63], Francisco Dussuel[64], Maximino Fernández[65], Vicente Mengod[66], Hugo Montes[67] y Arturo Torres-Rioseco[68], entre otros.

Existen dos casos paradigmáticos de esta omisión que queremos puntualizar. En su *Historia de la literatura chilena* Maximino Fernández escribe dos sub-capítulos denominados: "Obras sobre la Guerra del Pacífico" y "Obras sobre la Guerra Civil de 1891". Evidentemente *Mi campaña al Perú* e *Historia de la cárcel*

[62] Con la excepción del trabajo de Juan de Luigi Lemus: *Don Justo Abel Rosales Justiniano 1855-1896*, Memoria Licenciatura en Filosofía con mención en Historia, Universidad de Chile, 1971.

[63] Goic, Cedomil: *La novela chilena. Los mitos degradados*, 1997.

[64] Dussuel, Francisco: *Historia de la literatura chilena*, 1954.

[65] Fernández, Maximino: *Historia de la literatura chilena* Tomo I, 2007.

[66] Mengod, Vicente: *Historia de la literatura chilena*, 1967.

[67] Montes, Hugo, Julio Orlandi: *Historia de la literatura chilena*, 1982.

[68] Torres-Rioseco, Arturo: *Breve historia de la literatura chilena*. 1956.

*política de Santiago*, serían dignos ejemplares de mencionarse ya que el criterio utilizado es temático (la Guerra del Pacífico y la Guerra Civil, respectivamente), y por lo tanto no existe una eventual razón de ningún tipo para omitirlos, lo que nos lleva a pensar que su autor realmente no los conocía[69]. El otro caso al que quisiéramos referirnos es al de Francisco Dussuel, quien en su *Historia de la literatura chilena* crea un apartado específico para aludir a novelas de evocación colonial[70], levantando autores como Sady Zañartu y Aurelio Díaz Meza, pero obviando a Justo Abel Rosales[71].

Muchos de los autores aludidos guían sus ordenamientos cronológicos de los autores de la literatura chilena a partir del esquema generacional propuesto por Cedomil Goic (lo que ya es bastante reductor)[72]. Lo hacen Maximino Fernández y Hugo Montes, por ejemplo. En la introducción al libro *La novela chilena. Los mitos degradados*, queda bastante claro que la línea de análisis de su autor es absolutamente inmanentista (no se ocupará de la relación literatura-sociedad o, dicho de otro modo, texto y contexto de producción) y privilegiará los análisis basados en la estructura tanto de los narradores como de las obras, así como también el contenido general de mundo presentado en cada una de ellas:

> Cada tendencia conlleva una diferente teoría del saber y de la literatura, y porta una gama de preferencias en asuntos, motivos, motivaciones, caracteres y escenarios, que deben ser esclarecidos de modo neto y distinto[73].

Según este modelo de análisis, Justo Abel Rosales pertenecería a la generación *naturalista-criollista* de 1882, que comprende a los escritores nacidos entre 1845 y 1859 y que muestra su mayor relevancia entre los años 1890 y 1904. Según Hugo Montes, los únicos autores a destacar de esta generación son Ramón Pacheco y Vicente Grez. Goic, a su vez, incluye a Daniel Riquelme, Nicolás Palacios, Senén Palacios y a José Toribio Medina.

---

69 Respecto al caso de *Mi campaña al Perú*, es bastante posible ya que permaneció inédito hasta el año 1984. Por otro lado, *Historia de la cárcel política de Santiago* fue publicado en el año 1893 pero con seudónimo y datos falsos de edición. En ambos casos la omisión posee una posible causa.

70 Dussuel, Francisco: *Historia de la literatura chilena*, 1954, págs. 124-126.

71 En la fecha de publicación de su libro existían por lo menos tres ediciones de *Los amores del diablo en Alhué*, lo que vuelve menos inteligible su omisión.

72 Esta propuesta comenzó a circular desde la publicación de la primera edición de *La novela chilena. Los mitos degradados*, en 1968, y se consolidó con la publicación de *Historia de la novela hispanoamericana* en 1972 e *Historia y Crítica de la literatura hispanoamericana* en 1888.

73 Goic, Cedomil: *La novela chilena. Los mitos degradados*, 1997, pág. 19.

A grandes rasgos, podríamos fijar las opiniones más hegemónicas respecto de las tendencias dominantes en esta generación y por consiguiente en esta época. Según Francisco Dussuel, el romanticismo tuvo vigencia en Chile hasta 1885 y sus intereses más relevantes se relacionarían con el subjetivismo poético, la melancolía, el sentido individual y la intimidad de la conciencia, el sentido histórico (de un amplio espíritu libertario), el paisajismo chileno, la sinceridad personal y la libertad en todos los tonos.

Maximino Fernández, a su vez, sostiene el comienzo del fin del modelo antes expuesto y la emergencia de uno nuevo:

> Hacia las últimas décadas de la centuria decimonónica, el Romanticismo chileno agonizaba, aproximándose a su fin. Todo contribuía a ello: el término de la tendencia en Europa hacia mitad del siglo; la transición del realismo narrativo a un naturalismo que en el viejo mundo, especialmente en Francia, ya imponía sus normas (...) Y en Chile Balmaceda y Darío. El fin y el principio. El fin de una época histórica, que coincidía con el fin de una cosmovisión vital y literaria y con el fin de un siglo; y el principio de otra, pues bien sabemos que todo término implica un inicio. Mientras el Romanticismo moría, comenzaban a vislumbrarse nuevos caminos (...)[74].

Hugo Montes, al respecto, afirma que la generación a la que eventualmente pertenecería Justo Abel Rosales (bajo un criterio meramente etário) estaría marcada por la emergencia del naturalismo:

> Esta generación continúa la imitación de la técnica narrativa de Balzac y de los naturalistas españoles, a la vez que agrega el culto a Emilio Zola. Se profundiza en la interpretación de lo criollo, en especial de lo que constituye lo característico de este momento pleno de transformaciones sociales por el avance de la industria. Esta generación tiene su vigencia en el último cuarto del siglo pasado. Se observan un apego excesivo a la objetividad y una preferencia por el estudio de conflictos familiares trascendentes que se agudizará en la generación siguiente. El estilo no inquieta mayormente a sus representantes[75].

En la misma línea de análisis, Arturo Torres-Rioseco incluye una nueva e importante vertiente dentro de los denominados romanticismos latinoamericanos: el costumbrismo[76]. Lo define como un género literario cultivado por

[74] Ob. cit., págs. 213-214.

[75] Ob. cit., págs. 117-118.

[76] Ob. cit., pág. 45.

escritores semipopulares, con una fuerte presencia de humor y la influencia inexpugnable de Mariano José de Larra. El autor afirma que los máximos exponentes de este género fueron Jotabeche, José Zapiola, Daniel Riquelme, Vicente Pérez Rosales, Román Vial y Joaquín Díaz Garcés.

De esta manera podemos concluir ciertas interrogantes. La primera dice relación con la constatación de la no presencia de Rosales en los manuales o libros de la historia de la literatura chilena aludidos. La segunda es que si bien la escritura de Justo Abel comparte ciertos rasgos comunes tanto con las obras del romanticismo de las últimas décadas del siglo XIX (sobre todo en lo que respecta a textos con un fuerte sentido histórico), como con las publicaciones del incipiente naturalismo chileno (como el apego obsesivo por la objetividad de las fuentes y la relegación del estilo a segundo plano de importancia), Rosales no logra adecuarse cómodamente en ninguno de estos dos movimientos literarios. Revisaremos más adelante que el modelo al que él responde, a nuestro parecer, más que al canon de la literatura chilena, responde a los lineamientos, formatos y expectativas relacionados con el periodismo de finales del siglo XIX.

## *Los amores del diablo en Alhué* y la novela histórica: referencialidad, ficción y representación

Siempre nos ha parecido atractiva la problemática que presenta un género mixto como la novela histórica. En ella coexisten historia y literatura de manera más o menos armónica, pero sin duda orgánicamente. Es, por una parte, la explicitación de la arbitrariedad de todo discurso (incluyendo, por supuesto, el histórico) y por otro, la constatación de que el tema de la referencialidad en literatura no se agota con el concepto de ficcionalidad. Dicho de otro modo, las novelas sí dan cuenta de realidades efectivamente experienciales e históricas y, por otra parte, la historia es, indudablemente, un discurso narrativo, con todas las estrategias (de verosimilitud, por ejemplo) que cualquier discurso con pretensiones de verdad posee.

Antonia Viu insiste en que la diferencia entre historiadores y literatos se relacionaría con que los primeros poseen una imaginación *a priori*, es decir, completan la información que ya poseen de las fuentes, y que los segundos trazan una visión del pasado completamente imaginada. Creemos que la imaginación de un escritor está necesariamente condicionada por el contexto cultural de su producción y que, desde esta perspectiva, tanto historiadores como literatos completan informaciones ya presentes en el horizonte cultural que los circunda. La diferencia subyace, a nuestro modo de ver, en la intencionalidad de cada una de estas escrituras; géneros como el de la novela histórica avanzan en la línea de un entendimiento complejo y problematizado de ambos marcos de legitimación. Viu afirma que "la novela histórica voluntariamente desiste de la libertad que le otorga la ficción para plegarse a una visión del mundo medida por la historia"[77]. Y es cierto en la medida en que entendamos que la novela histórica explicita un mecanismo de referencialidad presente en toda narración literaria de corte realista.

Un reciente estudio acerca de la novela histórica del siglo XIX en Latinoamérica, específicamente en México, ha puntualizado aspectos que resultan relevantes al momento de llevar a cabo una diferenciación entre narrativas historiográficas y narrativas literarias. Alejandro Araujo afirma que la distancia entre unas y otras está posibilitada únicamente por el concepto moderno de historia que hace del pasado algo superado y se organiza hacia el futuro; esta forma de experimentar la temporalidad, negando la dimensión del relato, la separó de la literatura. Por el contrario, la literatura a través de la novela histórica provocó "la sensación de que el origen del presente se encuentra en el pasado [...] sirvió para salvar la sensación de distancia temporal y restaurar el orden en un mundo en constante movimiento"[78].

Dentro de los estudios acerca del género que nos ocupa existe una definición clásica de novela histórica y Georg Lúkacs, en su famoso libro, la estipula a través de la enunciación del mismo Walter Scott:

> Ni puedo ni quiero pretender una perfecta precisión, ni siquiera en las cosas que sólo interesan a la forma externa, y mucho menos en los puntos más significativos de la expresión y la conducta. Pero el mismo motivo que me impide redactar el diálogo de una obra en anglosajón o en un francés normando y me prohíbe mandar a imprimir esta escritura con tipos Caxton o Wynken de Worde, es el que me impide mantenerme absolutamente dentro de los confines del periodo en que se desarrolla mi historia. Para suscitar participación, *el objeto elegido tiene que ser traducido a las costumbres y al lenguaje del periodo en que vivimos...* Es cierto que esta libertad tiene sus límites pertinentes; el autor no debe referir nada que no esté de acuerdo con las costumbres de la época descrita[79].

Lukács, de este modo, enuncia la imposibilidad que posee el género de dar cuenta con exactitud científica de la realidad (como cualquier otra construcción discursiva), pero al mismo tiempo explicita cuál es la importancia y el rol social que cumple este género, ya que lo conceptualiza como una traducción de un pasado hacia un presente que decodifica la obra desde su propio marco de

[77] Viu, Antonia: *Imaginar el pasado, decir el presente*, 2007, pág. 40.

[78] Araujo, Alejandro: *Novela, historia y lecturas. Usos de la novela histórica del siglo XIX mexicano: una lectura historiográfica*, 2009, pág. 62 y siguientes.

[79] Lukács, Georg: *La novela histórica*, 1966, pág. 70. La cursiva es nuestra.

inteligibilidad. Es decir, las novelas históricas utilizan como pretexto un pasado que les permite hablar indirectamente de un presente que no pueden narrar. Y continúa:

> En Walter Scott, se creó a partir de la vida misma una nueva manera de ver la sociedad, a saber, históricamente. La temática histórica fue un resultado orgánico, casi necesario del surgimiento de la expansión y de la profundización del sentimiento histórico. La temática histórica de Walter Scott sólo expresa este sentimiento, el sentimiento de que la verdadera comprensión de los problemas de la sociedad contemporánea sólo puede darse a partir de la comprensión de la prehistoria, de la historia del surgimiento de esa sociedad. Y por ello, según hemos visto, esta novela histórica, expresión poética de la historización del sentimiento vital y de la creciente comprensión histórica de los problemas de la sociedad actual, ha llevado necesariamente a una forma superior de la novela de actualidad, como sucedió por ejemplo en Balzac y Tolstoi[80].

Este concepto del género nos resulta bastante interesante ya que propone que las novelas históricas aparecen en la medida en que una sociedad determinada posee la necesidad de entender el origen y la trayectoria de sucesos que la llevaron a un estado determinado de las cosas, en el cual se ve inmersa. Desde esta perspectiva, la utilización por parte de Rosales de este género se relaciona íntimamente con su necesidad de establecer un pasado colonial que le dé sentido o que explique en cierta medida su realidad político-cultural específica. Una vez más verificamos cómo el autor tematiza y emite juicios de valor acerca de su propia sociedad a partir de la construcción de un pasado que las explica y les da un sentido histórico.

Según la definición instrumental que utiliza Seymour Menton del género, "hay que reservar la categoría de novela histórica para aquellas novelas cuya acción se ubica total o por lo menos predominantemente en el pasado, es decir, un pasado no experimentado directamente por el autor"[81]. Esta definición contemporánea nos posibilita fácilmente incluir la novela *Los Amores del diablo en Alhué* dentro del género en cuestión, asumiendo por lo demás que esta ha sido la definición que las (escasas) referencias críticas que se han hecho cargo de ella han utilizado[82].

[80] Ob. cit., pág. 284.

[81] Menton, Seymour: *La nueva novela histórica de la América Latina, 1979 - 1992*, 1993, pág. 32.

[82] Ver *La tribuna:* "Los amores del diablo en Alhué", en [Diario: Los Ángeles, Chile] Ago. 31, 2001, pág. 23; Martínez Baeza, Sergio: "Los amores del diablo en Alhué" en *Las Últimas Noticias* [Diario: Santiago, Chile] Oct. 29, 1997, pág. 18; Pulgar, Leopoldo: "El diablo hará de

Ahora bien, *Los amores del diablo en Alhué* (la novela) está basada en un caso judicial que efectivamente se llevó a cabo en contra de Santiago Barreta en la última década del siglo XVIII, en el cual fue acusado de cometer actos deshonestos con cuatro de sus hijas.

Me parece fundamental visibilizar la relación de intertextualidad que hay entre ambos textos y sobre todo abrir ciertas preguntas relacionadas con las omisiones o *tergiversaciones* de Rosales respecto del caso judicial, como a qué motivo responden o qué verdades acerca del pasado colonial, a través de este caso judicial, pretende estabilizar.

El nombre del caso es "Santiago Barreta, criminal en su contra por estupro", y los textos que lo componen están fechados entre el 8 de julio de 1792 y el 5 de noviembre del mismo año. La causa se estructura del siguiente modo: comienza con las tres cartas que el sotacura de Alhué, Juan Manuel Josef de Garay, escribe presumiblemente al obispo don D. Blas Dubinoi Minallo, denunciando el estupro cometido en contra de cuatro niñas, hijas del suizo Santiago Barreta y su legítima esposa Juana Putiel. En estas cartas el párroco describe la situación general de abuso que sufren las niñas.

> (...) dos niñas se han quejado a mi delatando a su padre del estupro que con ambas ha cometido: yo he procurado consolarlas, e instruirlas, a fin de que usando la mas prudente precaucion, eviten tanto mal; pero han sido inutiles mis consejos, y sus precauciones (...) corre en el, tan sin freno, la licencia, que con otras dos hijas, ha executado lo mismo: persuadido tal vez que disminuye el delito la facilidad de cometerlo[83].

También enuncia que Juana, la madre de las niñas, quiere el divorcio. Tanto ella como su hija mayor, María Dolores, le dan juramento de que lo que expresan es verídico, y la niña enuncia "que a mas de tres años a que se hallaba en este comercio, sin poderlo resistir". El autor de las cartas insta a la autoridad eclesiástica a tomar prisionero a Barreta y a exiliarlo del reino, pero sin embargar sus bienes, ya que son la única forma de subsistencia de Juana y de sus siete hijos. Luego se presenta la declaración de Juana Putiel, quien explica la situación, del mismo modo (exactamente) que el cura párroco, y suplica se le conceda el divorcio, y que Santiago sea expulsado del reino por miedo a que la asesine, para finalmente insistir en que no se le arrebaten los bienes que posee:

las suyas" en *La Tercera* [Diario: Santiago, Chile] dic. 11, 1995, pág. 37; Sánchez Latorre, Luis: "El diablo de Alhué" en *Las Últimas Noticias* [Diario: Santiago, Chile] Sept. 23, 1988, pág. 8.

[83] Barreta Santiago, criminal en su contra por estupros. Año 1792, Vol. 3017, pieza 11ª, 73 fojas. Real Audiencia. Foja 182. Hemos respetado la ortografía original del texto en esta cita y las siguientes y hemos desplegado las abreviaturas.

> (...) pedi al Padre Teniente de cura perpetuo divorcio, o cualesquier otro remedio, si lo hubiese: este no se ha verificado hasta el día, y solo espero hallarlo en la recta justificación de Vuestra Señoría Ilustrísima divorciandome perpetuamente del enunciado mi marido don Santiago Barreta, que es lo que justamente pido y deseo; y extrañarlo del Reyno, pues temo prudentemente, que enfurecido contra mi por esta demanda, arbitre poner el colmo a sus desaciertos a costa de mi vida. Bien veo, que puede hacer alguna falta, mas no sera tanta, que no pueda yo llenarla... como lo he hecho en ocasiones que dicho mi marido se ha estado cuatro meses en esa ciudad, sin que por esta causa, hayan ido nuestros intereses en disminucion, ni menoscabo: antes bien ha sido manifiesta la ganancia. Hago esto presente a Vuestra Señoría Ilustrísima en atención a que si se verifica el divorcio, y mi marido es estrañado, no quiera destrozar los pocos haberes que hay, ganados todos durante el matrimonio, ya botandolos, como el dice que lo hará, ya llevándoselos todos, y dejándome a mi, y a sus siete hijos, expuestos a una vergonzosa mendicidad[84].

Luego de la declaración de Juana aparece una serie de textos que explicitan la petición de arresto por parte del Señor Oydor Decano Francisco Tadeo Diez de Medina, y luego la carta del Fiscal Pérez de Uriondo en que pide el nombramiento de alguien que se encargue de encarcelar a Barreta y llevar el caso claramente en un sumario. Son nombrados de esta forma, don Juan de Dios Gazitúa, abogado de la Real Audiencia y el Receptor Joaquín Godoy.

Aparece entonces la copia de una carta fechada el 31 de agosto de 1792, dirigida a don Carlos IV, Rey de España, en la que se transcriben las cartas del sotacura de Alhué, Juan Manuel Josef de Garay, para dar cuenta del caso.

Mientras tanto, Gazitúa y Godoy han llevado a cabo en Alhué averiguaciones relevantes respecto del caso, que incluyen la declaración de Santiago Barreta en la cual se dice inocente de todos los cargos y acusa a su esposa de ataques de celos con todas las mujeres del pueblo, incluso con sus propias hijas y de haber ventilado el asunto en Alhué:

> Preguntosele, como se ha hecho casi publico en este lugar que apenas habra persona que no lo sepa no obstante el no haver executado semejante delito. Responde que su propia muger ha sido la causa de ello (...) y después conduce con pelea de celos con diversas mugeres de esta villa y ultimamente con sus hijas[85].

---

84 Ob. cit. Foja, 184 (vuelta)-185.

85 Ob. cit. Foja, 204 (vuelta)-205.

Aparece también el testimonio de Juana Putiel, su esposa, en el que insiste en su acusación y argumenta que sabe del estupro ocurrido por las manchas de sangre en la ropa interior de las niñas (pese a que aún no menstrúan), sin embargo, afirma nunca haber visto con sus propios ojos a Barreta hacerlo, enuncia saberlo solo por indicios y por lo que sus hijas le cuentan.

Se realiza, también, un examen profesional practicado por dos matronas a las dos hijas mayores de Barreta para comprobar el estupro y existe un careo entre Santiago Barreta, su mujer y sus hijas.

Luego se presenta un documento en el que Juan de Dios Gazitúa, abogado de la Real Audiencia encargado del caso, explica que Juana y Santiago se han visto cuando este ha salido de la cárcel temporalmente por dos días y que lo único que quieren es juntarse, y que así se lo han pedido, ya que no desean otra cosa que restablecer la paz familiar perdida.

Una carta del fiscal Pérez de Uriondo ratifica lo anterior decretando que se absuelva a Barreta, ya que la investigación del Juez Gazitúa muestra que no existen pruebas concretas que lo inculpen del estupro de que es acusado. También decide que deberán volver todos a Alhué (Santiago, su mujer y las niñas) y que Juana deberá portarse como corresponde a una buena esposa, es decir, guardar la paz y la unión con su marido y no volver a actuar con tanta ligereza, ya que si no lo hace se le impondrán las mayores penas.

Aparece, entonces, una nueva declaración de Juana en la que se retracta de todo lo que ha declarado anteriormente y se afirma que ella ha sido mal interpretada por el sotacura de Alhué y que nunca ha querido realmente el divorcio, ya que antes no sabía lo que realmente implicaba.

> Dixo: que quantas expresiones contienen dicho recurso y declaraciones respectibas agrabando a su marido con el delito que presuponen, son enteramente ylusiones, y sospechas que por la conbersación que tubo con sus hijas, e higuales apreensiones destas, manifestó al Padre Sota cura, quien dandoles otra inteligencia formo aquel recurso, con expresiones que no dicto la declarante; y con la pretension del diborcio de su marido que nunca a pretendido ni quiere la que declara, y aunque firmó el pedimento original que hizo el theniente cura, fue de buena fee, y no entendiendo su contexto literal, como aora lo ha adbertido[86].

Dos textos cierran la causa: el primero, firmado por el Presidente Regente y los Oidores de la Real Audiencia, obliga el pago de una fianza, recomienda la anulación de la petición de divorcio y exige la restitución de la familia a Alhué; y en el segundo, fechado el 19 de octubre de 1792, Juan Tadeo Diez de Medina deniega la petición de divorcio.

[86] Ob. cit. Foja, 253 y 253 (vuelta).

Es evidente que Justo Abel Rosales escribe una novela basándose en los elementos del caso judicial que le parecieron más atractivos y novelables, pero es válido también aseverar que los elementos omitidos nos hablan de la imagen de finales del siglo XVIII que él está interesado en estabilizar.

Las diferencias más relevantes de la novela respecto al caso se relacionan con el número de niñas violentadas, que de cuatro (incluyendo a dos muy pequeñas, menores de ocho años) se reducen a una sola, la mayor, lo que evidentemente suaviza el crimen cometido. Por otro lado, en la novela no existe la petición de divorcio por parte de Juana, ni su deseo de ver alejado a su marido del reino, asuntos que son gravitantes en la causa criminal. Por otra parte, la recurrencia más significativa en ambos textos se relaciona con la participación de seres sobrenaturales, en particular del demonio, en los hechos de los que se acusa a Barreta. Tanto Juana Putiel como el abogado Juan de Dios Gazitúa, enuncian, en sus respectivas declaraciones la posibilidad de que el actor de tales males sea el mismo demonio. Consecuentemente esto, en la novela, se presenta como la única verdad posible.

Ahora bien, no es nuestro objetivo juzgar lo que en realidad ocurrió en la familia de Santiago Barreta en 1792, pero sin duda la Justicia falló, absolviendo de todo cargo al padre de las niñas, considerando las acusaciones de su esposa como livianas y mal aconsejadas por el sotacura de Alhué. Lo significativo, a nuestro modo de ver, es que allí algo realmente sucedió y solo existen dos opciones interpretativas: la primera es que el abuso a las niñas no haya existido, y haya sido un invento de Juana Putiel con el objetivo de obtener el divorcio, vengarse de su marido por celos, y/o quedarse con la pequeña fortuna que poseían. La segunda alternativa es pensar que Santiago Barreta efectivamente abusó sexualmente de sus cuatro hijas, pero que fue absuelto injustamente.

Lo importante es que cien años después se escribió una novela, en la cual permanecen los nombres reales de todos los protagonistas de la historia, incluyendo a la familia Barreta, sus sirvientes y al cura párroco de Alhué. En esta novela el estupro ocurre y proviene del demonio; sin embargo, Santiago Barreta es castigado, y el último capítulo termina con el arresto de este, en nombre del Rey y de la Santa Inquisición, por corruptor, brujo y endemoniado.

Justo Abel Rosales en 1895 sanciona el caso, y encarcela a Barreta asignándole desde la justicia el valor adecuado a las declaraciones de su mujer, lo que claramente no se efectúa en el juicio de finales del siglo XVIII, donde la problemática es silenciada, atribuyéndola a la liviandad de los juicios de una mujer celosa y mal aconsejada.

Volviendo a los planteamientos iniciales de este apartado, recordemos que la novela histórica como género permite la reelaboración de un pasado desde un presente que es necesario redefinir; dicho de otro modo, es un tipo de discurso que explicita la necesidad de una genealogía que dé cuenta de unos orígenes posibles que expliquen el presente. De esta manera, nos parece que Rosales toma un caso judicial de finales del siglo XVIII para re-presentar una época, una sociedad y sobre todo una institucionalidad que es capaz de juzgar desde la racionalidad del aparataje colonial un crimen tan grave como el presentado.

Justo Abel Rosales reconstruye el pasado colonial que él está interesado en fijar. Y este se caracteriza por ser una sociedad en la cual el ultra-mundo, las supersticiones, las apariciones y los elementos mágicos juegan un rol preponderante en la medida en que sirven como marco de inteligibilidad a toda prueba para cualquier fenómeno que se presente, como por ejemplo los abusos cometidos por Barreta. Sin embargo, y como contrapartida a lo anterior, aparece una institucionalidad colonial fuerte y sancionadora que es capaz de juzgar las realidades que subyacen bajo aquellas ilusiones. De esta manera entendemos por qué Rosales en vez de optar por la reconciliación familiar que presenta el caso judicial (por medio de negociaciones morales y económicas), opta por la sanción definitiva: el arresto de Santiago Barreta, es decir, erige una justicia moral por encima de intereses particulares y negociaciones institucionales y humanas.

*Los amores del diablo en Alhué*, la novela, es la escritura de un deseo, como lo son en general las novelas históricas, en la medida en que estabilizan un pasado necesario para entender un estado actual de cosas y casi siempre una crítica a esa realidad experimentada. En el caso particular de esta novela, la propuesta de pasado colonial que se construye se relaciona principalmente con dos ejes. El primero da cuenta de la importancia de la superstición popular religiosa de los siglos pasados y el poder que poseía para dotar de inteligibilidad la realidad, asunto que Rosales critica, como ya hemos revisado, enfáticamente y que anhela erradicar como se plantea en *Historia y Tradiciones del Puente Cal y Canto*. La escritura de la novela le permite enmarcar, fijar en aquel periodo este tipo de creencia popular que considera inapropiada.

El segundo eje se relaciona con el rol de la institucionalidad judicial, en la medida que en la novela existe una sanción para el crimen de estupro cometido que el caso criminal, está ausente. De esta manera, Rosales dota de una fuerza ajusticiadora relevante a una institución que, a la luz de los documentos pertenecientes al caso criminal contra Santiago Barreta, se muestra justamente en su faceta menos enérgica *moralmente* y más conciliadora *políticamente*, si recordamos que Juana es instada a retrotraerse en las acusaciones proferidas contra su marido para evitar la vergüenza y la pobreza. Como hemos afirmado en el capítulo anterior a propósito de la figura del corregidor Zañartu, Rosales se configura como un empleado público y en ese sentido tiende a construir una institucionalidad colonial bastante respetable de la cual sería depositario el espacio institucional republicano al que él pertenece.

## Historia y Tradiciones: calificativos para una categoría textual local[87]

El esclarecimiento genérico de una obra como *Los Amores del diablo en Alhué* resulta menos enrevesado que el trabajo propio que llevaremos a cabo respecto a *Historia y Tradiciones del Puente Cal y Canto.* Esto puede deberse a la adscripción explícita de la primera y a los escasos –pero existentes– comentarios que de ella han aparecido en prensa y que dan por sentada su categorización textual de novela histórica. Nuestra hipótesis, sin embargo, se relaciona con que a diferencia de la novela histórica que ha sobrevivido ya un par de siglos, el tipo de narración contenido en el texto que se ocupa de la historia y tradiciones del puente no posee, en estricto rigor, una continuidad en nuestros días.

Por otro lado, la literatura se ha configurado, durante el siglo XX, como una disciplina, podríamos decir autorreflexiva, que se piensa a sí misma, se ordena y categoriza por los especialistas que dan cuenta de su propia historicidad. La historiografía en Chile, por el contrario, no se ha abocado especialmente al esclarecimiento de su propia historia, a la ordenación de sus principales corrientes o movimientos o a la relevación de sus figuras más importantes en un contexto significativo. Esto dificulta, evidentemente, nuestro análisis[88]. Sin embargo, lo comenzaremos deslizando algunas líneas ideológicas existentes en la historiografía del siglo XIX, que serán fundamentales para construir la tipología textual de una obra como *Historia y Tradiciones del Puente Cal y Canto.*

Nuestro trabajo de análisis se erige sobre la base del entendimiento que comprende la narrativa de Rosales como cruzada principalmente por dos discursos relevantes: el de la historia y el de la literatura. En las novelas históricas esta relación se vuelve explícita y articula las obras, como ya revisamos. Entonces ¿cómo funciona en un texto narrativo como los que Rosales escribe acerca del puente Cal y Canto, el Barrio de la Chimba o el Cementerio General?

Un ordenamiento posible de esta problemática debe comenzar por la propia enunciación de Rosales respecto de sus producciones: son *Historias* y *Tradiciones*, es decir, una mezcla de dos géneros narrativos que se conjugan en unas obras híbridas construidas desde ambas vertientes. Revisaremos, pues, los estados de cada una de ellas al momento de la escritura de Justo Abel Rosales.

[87] Este apartado es la base del fragmento "Hacia la re-construcción de un género: la historia y tradición", publicado como parte del estudio preliminar a la segunda edición completa de *La Cañadilla de Santiago.* Véase Rosales, Justo Abel: *La Cañadilla de Santiago. Su historia y sus tradiciones.* 1541-1887, Santiago de Chile, Editorial Sangría, 2010, pp. 28-30.

[88] Entre los estudios que se apartan de esta lógica general encontramos el libro *Las convenciones contra la cultura. Ensayos sobre la historiografía hispanoamericana del siglo XIX* (2006), de Germán Colmenares; la tesis de Manuel Bastías, *Historiografía, hermenéutica, positivismo. Revisión de la historiografía chilena camino a la superación del positivismo* (2004), y la reciente publicación de Cristián Gazmuri, *La historiografía chilena (1842-1970)*, (2006).

Existe cierto consenso en que los inicios de los estudios históricos en Chile aparecieron de la mano de Claudio Gay (1800-1873):

> Puede atribuirse a él el establecimiento de los criterios disciplinarios de recopilación y verificación de la autenticidad de los documentos, dando de esta forma un estatus científico al conocimiento así obtenido[89].

De esta forma, la línea propuesta por Gay será apropiada por intelectuales tan importantes como Andrés Bello, quien sentará las bases para la configuración de una *historia analítica narrativa*. Por otra parte, emergió una posibilidad distinta de ver la historiografía: José Victorino Lastarria –discípulo de Bello– y Jacinto Chacón postulaban, por el contrario, una *Filosofía de la historia* que se desplegara analíticamente por encima de datos y documentos. Bello y posteriormente Barros Arana afirman que la filosofía de la historia supone un estadio posterior en los estudios históricos y que necesariamente debe ser antecedida por una historia narrativa que dé cuenta de "hechos puros" (que luego serán analizados).

> El mandato de Bello iba a ser acatado; Lastarria y su sistema filosófico serían olvidados por los historiadores profesionales. La Universidad de Chile de ahí en adelante llevaría la vanguardia de la investigación donde imperaría, sin contrapeso, la influencia metodológica de Gay y de Bello. El amparo de la Universidad llevó el sistema narrativo a ser el predominante en la investigación histórica, siendo la erudición la máxima expresión del ideal de rigurosidad. La consecuencia de esto será la concentración de los historiadores en la filología y la crítica de documentos[90].

Según Manuel Bastías, la consecuencia más grave que trajo consigo la prominencia de este método fue la reducción de los objetos de estudio: solo hubo historia político-militar durante el siglo XIX, lo que cambia, según él, en 1930, aproximadamente. Ahora bien, claramente (y es bueno explicitarlo) esto ocurrió preponderantemente en el terreno de la Historia (no del complejo universo narrativo no literario existente entonces), ya que un autor como Justo Abel Rosales, a finales del siglo en cuestión, si bien creó textos siguiendo el paradigma analítico narrativo, construyó historias locales alejadas de los temas canónicos. De todas maneras el sesgo del apego a las fuentes y los documentos como autorizadores de la verdad, continúa existiendo en la escritura de textos como *Historia y Tradiciones del Puente Cal y Canto*, solo que estos le permiten al autor una re-construcción diferente[91].

[89] Bastías, Manuel: *Historiografía, hermenéutica, positivismo. Revisión de la historiografía chilena camino a la superación del positivismo*, 2004, pág. 59.

[90] Ob. cit., pág. 74.

[91] Esto queda de manifiesto en las estrategias textuales analizadas en el primer capítulo.

> Entrado ya el siglo XX, emerge una fuerte crítica a este sistema historiográfico positivista. Por ejemplo, Guillermo Feliú Cruz enuncia que en la historiografía chilena no hay síntesis, ni grandes explicaciones y que "el sentido práctico de la enseñanza de esos dos grandes maestros (Bello y Barros Arana) ha sido nuestra ruina moral a la larga"[92].

De esta manera es criticado de cierta forma el paradigma de Bello desde propuestas más innovadoras:

> La vida que el historiador da a los materiales no es una vida reconstruida, es una nueva vida, y cada historiador, en cada época da un tono y un color diferente a esa vida ¿por qué? Porque en cada resto, documento, etc., están muchas posibilidades, una de ellas fue y escapó para siempre, otras quedaron, y con ellas también trabaja la comprensión del historiador, porque cada cosa fue obra de luchas y tensiones entre elementos opuestos[93].

Como se ve, la valoración del documento como fuente primordial del estudio histórico no varía, sin embargo, el enfoque de trabajo sobre el mismo, cambia. El historiador se vuelve más autoconsciente de su propia injerencia en el resultado de un estudio histórico de la índole que sea. De esta manera podemos ver la clara influencia que tuvo en la escritura de Rosales el paradigma historiográfico narrativo analítico, ya que él escribe apegándose estrictamente a lo que los documentos *le dicen*. Sin embargo, pese a que él no construye ni síntesis ni análisis propiamente tales de los hechos que narra a partir de la información extraída de los documentos antiguos, su voz no se invisibiliza, existe una prominencia autorial que en mi opinión se relaciona más con la segunda adscripción genérica explícita de su escritura: las tradiciones.

La tradición es un género narrativo propiamente latinoamericano (en la medida en que no existe concretamente un modelo externo, es una suerte de superación del costumbrismo realista), que subsistió desde mediados del siglo XIX hasta mediados del siglo XX. Según Estuardo Núñez:

> La tradición gravita así entre lo histórico y lo literario y se construye con ingredientes diversos provenientes tanto de la fuente culta como de la popular, de lo vivido y lo imaginado. Es siempre narración corta, evocativa de tiempos pasados, con asuntos tomados del documento escrito o de los meramente oídos de otros labios, pero aderezados con elementos de ficción, con apuntes de costumbrismo local, con ingenio, gracia y humor[94].

[92] Feliú Cruz Guillermo citado en Jobet, Julio César: "Notas sobre la historiografía chilena", 1949, pág. 346.

[93] Gómez Millas, Juan: "Las tendencias del pensamiento histórico", 1949, pág. 17.

[94] Núñez, Estuardo (ed.): *Tradiciones hispanoamericanas*, Caracas: Biblioteca Ayacucho, 1979, pág. xiii.

Evidentemente, el creador del género fue Ricardo Palma (1833-1919) con sus *Tradiciones Peruanas*, las que fueron editadas entre 1872 y 1910. Alfonso Calderón afirma que este género se ubica entre la historia y la fábula. De hecho cita al propio Palma, quien afirma que *es una forma de la historia pero sin los escollos de esta*[95].

A su vez, Luis Alberto Sánchez, en su prólogo a *Tradiciones peruanas escogidas*, enuncia que:

> La tradición de Palma es una forma completamente diferente a las conocidas. Tomó de los románticos la pasión por lo pretérito, pero la equilibró con la ironía del criollo y el realismo del costumbrista. Su tradición es, por eso, mezcla de sentimentalismo y picardía; cuando el poeta va a romper en suspiros, el satírico lo calma con un donaire. Al igual que los románticos peruanos, se preocupó singularmente de la época colonial. Concedió poco al Incanato, casi nada a la República, y solo un algo más a la época de la emancipación. El escenario de sus principales tradiciones es un convento; el periodo preferido, los siglo XVII y XVIII; los protagonistas, frailes, virreyes, condesitas pizpiretas o nerviosas, barberos, tahúres y algunos próceres[96].

Retomando la discusión anterior respecto de los paradigmas imperantes en la historiografía del siglo XIX, la tradición, desde su lugar privilegiado entre la historia y la literatura, arremete en contra de la historia de los grandes hombres y los grandes sucesos, para hacerse cargo de las historias locales:

> Surgió así el culto de la pequeña historia, de las migajas dejadas por el gran festín de los anales históricos, de la espuma que sobraba de los trabajos de refundición de antiguas relaciones, los pequeños incidentes, los detalles colaterales de relatos o memorias, el rasgo peculiar y privado de los grandes personajes, las impresiones conservadas en la memoria del pueblo sobre sucesos o personas en alguna forma notorias, las debilidades, ingenuidades o ridiculeces de personajes de alguna significación[97].

Al confeccionar la historia y devenir del género en Latinoamérica, Estuardo Núñez incluye a Justo Abel Rosales en el grupo de los tradicionistas chilenos, e

---

95 Ver Calderón, Alfonso: "Nota a las Tradiciones Peruanas". En Ricardo Palma, *Tradiciones Peruanas*, Santiago: Nascimento, 1975.

96 Sánchez, Luis Alberto: "Prólogo a las Tradiciones Peruanas". En Ricardo Palma, *Tradiciones Peruanas escogidas*, Santiago: Ediciones Ercilla, 1945, pág. 13.

97 Núñez, Estuardo (ed.): *Tradiciones hispanoamericanas*, Caracas: Biblioteca Ayacucho, 1979, pág. xvii.

incluye en su compilación un capítulo de *Historia y Tradiciones del Puente Cal y Canto* llamado: "Almas, diablos y fantasmas del puente de Cal y Canto". Los otros textos chilenos antologados en su libro *Tradiciones hispanoamericanas* son "Tierras auríferas" de Vicente Pérez Rosales, "Por ser cristiano" de Miguel Luis Amunátegui, "Un cura vencido por un mocho" de Manuel Concha, "Don Lorenzo de Moraga, el emplazado" de Enrique del Solar, "-¡Es mia! yo la espante. -¡es mia! Yo la cogi" de Aurelio Díaz Meza y "A moda coqueta, basquiña suelta; y a viejo oidor, corto calzón" de Hermelo Arabena.

Respecto a la escritura de Rosales, Núñez afirma que sus textos corresponden a *crónicas históricas* alternadas con *tradiciones* y *cuadros de costumbres*. Sin lugar a dudas, la inclusión de la figura de Justo Abel Rosales al grupo de los tradicionistas hispanoamericanos es, en cierta medida, correcta. Comparte con estos una escritura mixta, situada entre lo histórico y lo literario, se basa tanto en los documentos de los archivos antiguos como en lo que le cuentan las personas relacionadas con las historias que nos relata. Y, por sobre todo, se une a ellos en la medida en que su fijación con el pasado está situada principalmente en la época colonial: en sus pequeñas historias y anécdotas, en sus personalidades y en la forma de vivir de la gente que conformaba entonces la sociedad colonial chilena.

En este sentido, Justo Abel Rosales y los tradicionistas decimonónicos se distancias bastante de sus contemporáneos ligados a la historiografía, quienes suponían que:

> La liquidación del régimen colonial, cuya dominación fue abolida mediante las armas, debía completarse ideológicamente para liberar energías que habían permanecido encadenadas por la opresión y la rutina. La supresión de la Colonia como un periodo histórico en el que pudiera discernirse una acción dramáticamente significativa aproximaba el horizonte de los orígenes y creaba una sensación de juventud[98].

De los siete autores chilenos antologados por Estuardo Núñez, únicamente Vicente Pérez Rosales ambienta su texto *Tierras auríferas* en la primera mitad del siglo XIX, en 1847. Los seis restantes narran episodios ocurridos entre los inicios de la conquista de Sudamérica y el año 1782. Los escenarios escogidos son variados pero se restringen a zonas de Chile: Curicó, Arauco, La Serena y Santiago; y a Bolivia, la que se menciona con el objetivo de mostrar la proveniencia de algunos de los más destacados conquistadores y colonos de Chile, tales como Rodrigo de Quiroga, que habían fracasado en otras expediciones, como la que

[98] Colmenares, Germán: *Las convenciones contra la cultura. Ensayos sobre la historiografía hispanoamericana del siglo XIX*, 2006, pág. 23.

fue a Bolivia al mando de Pedro Anzúrez. De esta manera podemos ver cómo el espacio referencial histórico temporal es, en general, el espacio colonial chileno. Lo que claramente es una de las características más relevantes de la narrativa de Rosales (como lo hemos desarrollado en el capítulo anterior).

Por otro lado, las temáticas abordadas por estos autores son bastante eclécticas: van desde la moda en el siglo XVII, hasta el tema del cautiverio en Arauco, pasando por los duelos de los curas-poetas, y el hambre vivida en las expediciones de conquista españolas. En este sentido, la apertura de temas es bastante amplia y la regulación, a nuestro modo de ver, del género de las tradiciones se relaciona más con un espacio histórico aludido que con un tipo de temática particular. Importante es destacar, sin embargo, que pese a la amplitud de las temáticas abordadas, siempre siguen la línea erigida por Palma, es decir, la narración de las pequeñas historias y anécdotas y no los grandes relatos político-militares.

El último punto que quisiéramos tocar acerca de la correspondencia de la escritura de Justo Abel Rosales y la de los tradicionistas chilenos dice relación con el tema de las fuentes. Hemos mencionado anteriormente que Rosales legitima su escritura tanto a partir de su conocimiento de los documentos presentes en los archivos antiguos chilenos, como replicando las historias que le han contado las personas relacionadas con los hechos con las cuales él ha podido hablar. Esta doble autorización textual está presente en el género de la tradición y, por ende, en los tradicionistas chilenos. Un ejemplo bastante claro aparece en "Un cura vencido por un mocho" de Manuel Concha (destacado tradicionista serenense), en el cual, de la misma forma utilizada por Rosales, enuncia:

> Réstanos decir que debemos la mayor parte de la copia de los versos, a un amigo cuyo nombre no ha querido que revelemos. ¿Cómo llegaron a su poder? Por una casualidad. Haciendo el inventario de una testamentaria, le fue necesario registrar algunos papeles muy antiguos, entre ellos encontró los versos indicados; y acordándose de nosotros, se los puso en el bolsillo, plenamente convencido de que no perjudicaba a los herederos. Con datos orales de personas ancianas, que en su juventud oyeron a sus padres algo acerca de estos dos personajes, hemos completado los materiales para este artículo[99].

El mismo caso se da en el texto "Don Lorenzo de Moraga, el emplazado" de Enrique del Solar, quien a su vez, escribe:

[99] Núñez, Estuardo (ed.): *Tradiciones hispanoamericanas*, Caracas: Biblioteca Ayacucho, 1979, pág. 137.

> Este terrible episodio del terremoto de mayo de 1647 consta, según hemos indicado, de la *Relación* del obispo Villarroel, que fue, en aquella tremenda circunstancia, el ángel de la ciudad, el amparo de las familias y el consuelo de todos. El venerable obispo lo refiere, apoyándose en el testimonio de personas respetabilísimas, que aún vivían cuando se escribió. Nadie entonces lo contradijo, y nosotros no nos creemos autorizados a ponerlo en duda[100].

Luego de leer estas referencias pertenecientes a Concha y a Del Solar, queda suficientemente claro que el marco de autorización textual es mixto y se compone, por una parte, de referencias "letradas" a archivos y/o documentos, y por otra, a narraciones orales pertenecientes al ámbito de lo popular.

Podemos concluir, por tanto, que efectivamente Justo Abel Rosales comparte con los tradicionistas tanto el marco de referencialidad histórico-temporal, la era colonial chilena, como también el tipo de suceso a narrar, las pequeñas historias locales que en ella tuvieron cabida, y por último las estrategias de autorización textual antes señaladas, depositarias por una parte de la historiografía decimonónica tradicional y su apego estricto a la verdad de los documentos (la historia narrativa analítica de Bello) y por otro, al acervo cultural popular oral.

Revisemos ahora cómo se dan estas características en la obra *Historia y Tradiciones del Puente Cal y Canto* de Justo Abel Rosales, publicada por vez primera en el año 1888.

## *Historia y Tradiciones del Puente Cal y Canto*

Este texto corresponde al segundo de la tríada de *historias y tradiciones* escritas por Justo Abel Rosales acerca de la ciudad de Santiago, publicadas entre 1887 y 1890. Las otras dos aluden, respectivamente, al Barrio de la Chimba y al Cementerio General de Santiago. *Historia y Tradiciones del Puente Cal y Canto* fue publicada por primera vez en el año 1888[101]. Esta obra está dividida en ocho capítulos: Don Luis Manuel de Zañartu, Correjidor i Justicia Mayor de Santiago; La construcción del Puente; Muerte del Correjidor Zañartu; Trabajos hechos en el puente después de la muerte de Zañartu, 1782-1879;

---

100 Ob. cit., pág. 145.

101 Rosales, Justo Abel: *Historia y Tradiciones del Puente Cal y Canto*, ilustrada con grabados por J. M. Blanco, Manuel A. Mujica, editor: Santiago: Imprenta Estrella de Chile, Puente de Cal y Canto, 1-B, Colección Lectura Popular, 1888, 80 pág. Existe una segunda edición de esta obra, pero que no incluye ni los grabados de Blanco, ni el Romance *Al Puente Cal y Canto, Historia y Tradiciones del Puente Cal y Canto*: Santiago de Chile, Editorial Difusión, Imprenta Chile, Teatinos 760, Colección Letras Chilenas, 1947, 167 págs.

Crónica histórica, amena i noticiosa; Almas, diablos i fantasmas del puente de Cal i Canto; El gran temporal de agosto. El hundimiento del puente i su demolición; y Aventuras de la inscripción de piedra del puente. Estos ocho capítulos pueden ser divididos en una primera parte dedicada a la construcción del Puente y a la figura del corregidor Zañartu; una segunda compuesta por crónicas y tradiciones; y una final que alude a la destrucción del puente.

El libro comienza con una nota preliminar denominada *Al Lector*, fechada el 14 de septiembre de 1888, en la cual Rosales anuncia que la caída del puente Cal y Canto ocurrida el 10 de agosto del mismo año es la razón de la publicación de su libro. Afirma, asimismo, que la obra está basada en documentos pertenecientes a los archivos antiguos de la Real Audiencia, de la Capitanía General y del Archivo Municipal. Anuncia que muchos de los datos y documentos transcritos están presentes en su trabajo anterior, *La Cañadilla de Santiago: su historia i sus tradiciones (1541-1887)*. Como fuente de su trabajo menciona también la memoria de muchas personas "de ambas márjenes del Mapocho".

> Datos de otro jénero i buen número de tradiciones sobre el puente han sido recopilados últimamente para este trabajo, para lo cual me he acercado a muchas respetables i antiguas personas de ámbas márjenes del Mapocho, quienes me han favorecido con el concurso de su buena voluntad i mejor memoria[102].

Por otro lado alude al bajo precio que tendrá la obra para que "pudiese llegar a los hogares más pobres". Agradece su ayuda al artista J. M. Blanco (de quien se incluyen en la obra tres grabados denominados: El Correjidor Zañartu, Construcción del Puente de Cal i Canto y El Puente Cal i Canto), y a Manuel A. Mujica, su editor. Finalmente insiste en el bajo costo de estas ediciones que permiten un mayor acceso a la lectura.

Esta nota *Al Lector* es fundamental para explicar la obra de Justo Abel Rosales, sus motivaciones, propósitos y estrategias discursivas. Nos queda claro que al igual que los tradicionistas, para Rosales las principales fuentes de su escritura son dos: los documentos de los archivos y las narraciones orales de los santiaguinos. Por otra parte, alude a su (exitosa[103]) publicación anterior, esbozando el proyecto de la creación de una colección de *Historias y tradiciones* que dará cuenta de la ciudad de Santiago desde sus orígenes.

[102] Rosales, Justo Abel: *Historia y Tradiciones del Puente Cal y Canto*, 1888, pág. 4.

[103] "Fuera de esto, los demás datos i noticias son estractados de una obra que publiqué en enero del presente año bajo este título: *La Cañadilla de Santiago –su historia i sus tradiciones- 1541-1887*. En esta obra, cuya edición se agotó al mes siguiente, encontrará el lector numerosos documentos íntegros que aquí solo estracto para no hacer esta publicación mas voluminosa i, por consiguiente, mas cara de los pocos centavos que importará". Ob. cit., págs. 3-4.

La primera parte del libro, en nuestra forma de ver su estructura, está formada por los capítulos I, II, III y IV, y alude a la construcción del Puente Cal y Canto y a la figura del Corregidor y Justicia Mayor de Santiago, don Luis Manuel de Zañartu. Las referencias utilizadas para la construcción de estos capítulos nos ayudarán a develar su condición genérica. En estos se transcriben fragmentos de los siguientes documentos: la Fe de Bautismo de Zañartu, el Acta del Cabildo del día 20 de marzo de 1764, el Acta del Cabildo del 5 de junio de 1767 y la del 9 de octubre de 1767, Una Presentación de Zañartu fechada el 24 de marzo de 1778 al Presidente y Capitán General (que se encuentra en el volumen 933 del Archivo de Gobierno), el Acta del Cabildo de 13 de abril de 1779, una carta de Zañartu fechada el 16 de febrero de 1782 en defensa de las acusaciones de abusos cometidos en contra de los trabajadores del puente, y un cuadro estadístico ubicado en la Biblioteca Nacional que muestra la variedad de la población de Santiago en 1778[104].

Sin lugar a dudas, las referencias predominantes de la escritura de estos cuatro capítulos corresponden, en estricto rigor, a actas y documentos pertenecientes a los archivos antiguos de Santiago, es decir, son propiamente fuentes mirado desde un punto de vista historiográfico tradicional, como revisábamos anteriormente. Si el libro *Historia y tradiciones del Puente Cal y Canto* se restringiera a esa línea de trabajo correspondería a un discurso histórico sin más. Sin embargo, a medida que avanzan los capítulos su texto comienza a ser tensionado por otro tipo de discursos. El primero de estos otros discursos o, como diría Rosales, "datos de otro jénero" aparece en el apartado XXII del capítulo II, en el cual alude a la composición de la mezcla utilizada en la construcción del puente:

> Una tradicion curiosa se sostiene como verídica por muchas personas hasta hoi, i es la de que se emplearon en la confeccion de la mezcla que debia unir los ladrillos i piedras nada ménos que *quinientos mil huevos*[105].

Más tarde, en el apartado IV del tercer capítulo, Rosales enuncia que se cuenta una *tradición*, nuevamente, que se relacionaría con la verdadera causa de la muerte del Corregidor, y esta sería la crítica por parte de la sociedad chilena respecto a su modo de llevar el tema de los trabajadores del puente y la burla en la que

[104] "Según un cuadro estadístico que existe en la Biblioteca Nacional, en 1778 la población de Santiago se componia de estas cuatro clases: españoles, mestizos, indios i mulatos i negros. Los españoles eran 21,318; los mestizos 6,265; los indios; 5,456 i los mulatos i negros 7 568. De estas dos últimas clases salieron principalmente los trabajadores del puente i demas obras públicas". Ob. cit., pág., 21.

[105] Ob. cit., pág. 20.

habría caído en la casa del presidente Benavides, quien les dio de comer a Zañartu y al resto de sus invitados la cena que el Corregidor les daba a los trabajadores del puente. Según la tradición esta habría sido la real causa de la muerte de Zañartu: "Desde entónces se refiere que cayó en cama atacado de un fuerte delirio. Una espantosa fiebre se apoderó de él i en pocos dias dió fin a su existencia"[106].

El tercero de estos *otros discursos* que tensionan la primera parte del texto de Rosales, y que en definitiva se vuelven hegemónicos a lo largo de él, es el que aparece en el apartado nueve del Capítulo III, que comienza de la siguiente forma:

> Ya hemos tratado lo suficiente respecto de la vida de Zañartu. Hé aquí, ahora, como conclusion, lo que la imajinación popular, rica i fantástica a veces, ha contado desde hace un siglo de cómo llegó aquél al cielo i el curioso percance que le ocurrió con el sereno i sesudo portero que de pescador pasó a apóstol, despues a santo i por último a custodio de las eternales puertas[107].

El tercer capítulo finaliza con una poesía popular respecto de la muerte de Zañartu, que según Rosales el pueblo cantó por muchos años:

*La Quintrala está del pelo*
*Sin bajar ni subir*
*I Zañartu mira el cielo*
*Sin entrar ni salir*

De esta manera podemos ver cómo, pese a que los cuatro primeros capítulos del texto se estructuran narrativamente como historiografía y utilizan sus técnicas, se ven cruzados por otros discursos, otros tipos de saberes que los tensionan y los sitúan meramente como una posibilidad, como puntos de vista posibles, no como la única verdad posible de narrar.

En la segunda parte del libro estos *discursos otros* se vuelven centrales. Las alusiones a documentos presentes en los archivos coloniales prácticamente desaparecen. Los apartados que componen este segmento son el capítulo cinco: Crónica histórica, amena i noticiosa; y el capítulo seis: Almas, diablos i fantasmas del puente de Cal i Canto. El quinto capítulo comienza de esta manera:

106 Ob. cit., pág. 26.

107 Ob. cit., pág. 28.

> Los variados i numerosos sucesos acaecidos durante mas de un siglo, en los que el puente de Cal i Canto ha tenido una parte no insignificante como lugar de tránsito o como la única via de comunicacion de una a otra ribera del Mapocho, me ha parecido mas cómodo para el lector agruparlos en un capítulo especial i noticioso, *como la crónica de un diario*. Por este motivo, cada ocurrencia o suceso tendrá aquí su párrafo tambien especial, con el epígrafe correspondiente. Tomando aquí *el autor el puesto de cronista*, empieza de la siguiente manera este salpicon histórico[108].

Los temas tratados a lo largo de este capítulo son en realidad variados: van desde las avenidas del Mapocho, el eclipse total de sol en 1804 y el temblor grande del 19 de noviembre de 1822, hasta la peregrinación de muertos ilustres por el puente, la importación de baratas, chinches y pulgas desde Mendoza y las anécdotas de bandidos y niños en el puente Cal y Canto.

Sin embargo, más que las temáticas abordadas por Rosales en este capítulo, que no dejan de tener relevancia, nos interesa subrayar la adscripción genérica de este capítulo que se autodenomina como crónica y en el que su autor se trasviste de manera explícita en cronista. Rosales nos anuncia que esta información será expuesta como en la crónica de un diario, marcando una relación intertextual con un tipo de narrativa ligada a lo periodístico que se aleja de los cánones de la literatura o la historiografía para acercarse a la difusión masiva de conocimientos interesantes para un público moderno (como había anunciado en su nota *Al Lector*).

Ángeles Mateo nos recuerda la relación primera de la palabra crónica con la conquista de América, es decir, la exposición cronológica de sucesos históricos. Sin embargo a finales del siglo XIX la crónica, según ella, supera el hecho de ser un cuadro de costumbres que ordena, en cierta medida, el espacio de representación nacional para iniciar una nueva escritura que será utilizada preferentemente por los poetas modernistas. En este sentido la crónica se relacionaría con la profesionalización del escritor y de la prensa. Es a este tipo de "prosa de no-ficción" al que hay que considerar crónicas, según ella, en este periodo.

> La crónica se nos presenta como un género híbrido que escapa a cualquier definición unívoca. Este mismo carácter de hibridez es lo que posibilitará que los cronistas muestren su subjetividad, su estilo personal y una mayor variedad temática (...) Ahora bien, si queremos establecer

[108] Ob. cit., pág. 35. El subrayado es nuestro.

> unos rasgos distintivos para caracterizar este tipo de textos, debemos convenir que se trata de artículos que pretenden informar de manera detallada sobre un hecho actual, aun cuando a veces la noticia se convierte en un punto de partida o mero pretexto para introducir digresiones sobre los asuntos más diversos, y será, por tanto, el buen hacer creativo del autor el que nos ofrezca otra realidad: la literaria. Así pues, la finalidad informativa lleva aparejado un fin estético e intelectual. Por este motivo se sitúa a la crónica en la intersección de tres instrucciones textuales: la filología, la literatura y el periodismo[109].

Siguiendo la definición de crónica que aporta Ángeles Mateo, lamentablemente no alcanzamos a dar cuenta del capítulo de Rosales, en la medida en que en la escritura de este el discurso histórico, al cual no alude preferentemente la autora, juega un rol preponderante. Sin embargo, podemos comprobar la importancia de este género a fines del siglo XIX y comprender entonces por qué Rosales construye uno de los capítulo de *Historia y tradiciones del Puente Cal y Canto* como una crónica, ya que es un género de moda y aparentemente de gusto popular, lo que le permite narrar con dinamismo y con una mayor soltura de estilo sin temer el rechazo por parte de la recepción de su obra. Se establece de esta manera una de las relaciones intertextuales más importantes de este texto, que es el discurso periodístico.

El sexto capítulo del libro, "Almas, diablos i fantasmas del puente de Cal i Canto", es el que Estuardo Núñez incluye en su antología de tradicionistas latinoamericanos, y por ende podríamos afirmar que es el que se apega a aquel modelo, ya revisado, de manera más explícita. Existe aún algo que quisiéramos mencionar y que aparece por vez primera justamente en este capítulo: la transcripción de una crónica aparecida en *La Tribuna*, un "diario serio de esta capital" (como califica Rosales al medio aludido), del día lunes 13 de agosto de 1888 que se intitula "El brujo del Puente de Cal y Canto" y que narra la aparición de un ser o más bien de una sombra que se asomó el día antes de que el puente fuera derrumbado.

La tercera parte de esta obra comprende los dos últimos capítulos del libro: el séptimo se dedica a dar cuenta del hundimiento del puente y el octavo a narrar una anécdota acaecida en torno a la inscripción de piedra del mismo. El libro termina con la transcripción de un poema denominado *Al Puente de Cal i Canto* de R. Dosele.

Vuelven a aparecer transcripciones de artículos de prensa que dan cuenta del desastre sufrido por el puente. Se cita uno del diario *La Tribuna*, nueva-

[109] Mateo, Ángeles: "Crónica y fin de siglo en Hispanoamérica (del siglo XIX al XXI)", págs. 29-30.

mente, pero del día sábado 11 de agosto, en el cual se alude al desabastecimiento de agua que acarreó la caída del puente para el barrio ultra-Mapocho. Luego transcribe uno de *El Ferrocarril* del día 11 de septiembre titulado "Puente de la Recoleta", en el cual se narra la inauguración del puente reemplazante del de Cal y Canto. La última crónica inserta en el libro *Historia y tradiciones del Puente Cal y Canto* es una escrita por el propio Rosales en *El Ferrocarril* el día 4 de octubre, denominada "La inscripción de piedra del Puente de Cal y Canto", en la cual relata el robo que sufrió la mentada inscripción de piedra del puente y que quien la sacó fue Valentín Martínez, ingeniero de la canalización del río, para llevársela a Javier Luis de Zañartu, descendiente del Corregidor.

La diversas crónicas transcritas en el texto son una suerte de interferencias textuales equiparables a las abundantes transcripciones de documentos antiguos presentes en la primera parte de *Historia y tradiciones del puente Cal y Canto*. Mientras la autorización textual de la primera parte se construye a partir de la transcripción de documentos antiguos, la segunda y la tercera avanzan en la utilización de artículos de prensa y tradiciones orales recopiladas.

Para terminar este capítulo quisiéramos aludir al artículo "Las *Tradiciones* entre la Historia y el Periodismo" de Aníbal González, quien insiste en la importancia de la relación entre este tipo de escritura y el periodismo, hipótesis que venimos desarrollando aquí. Él afirma que

> Salvo en muy contados casos, Palma no pretende preservar y evocar la extrañeza y el exotismo de la vida durante la Colonia, sino, por el contrario, busca acercar la época a sus lectores. Esto lo hace mediante recursos retóricos y estilísticos que brindan familiaridad a lo narrado, y prestando particular atención al inicio del vivir cotidiano, a los chismes y rumores, a la *petit histoire*, en vez de a las grandes gestas político-militares[110].

Por lo tanto este tipo de escritura tendría como objetivo la transmisión de un tipo de conocimiento (el del mundo colonial) a un público lector moderno para el cual será necesario *traducir* (así como en el caso de la novela histórica) esos contenidos, de maneras que le parezcan familiares y cercanos.

> Palma vierte en el molde formal del periodismo satírico su material histórico, despojándolo así de su habitual gravedad, "carnavalizándolo", si se quiere, y disgregando la historia en una serie de episodios inconexos, de dudoso valor cognoscitivo. Al trasvasar la materia histórica en un molde cuasi-literario como el del periodismo satírico, Palma pone de manifies-

[110] González, Aníbal: "La *Tradiciones* entre la Historia y el Periodismo" En Ricardo Palma, *Tradiciones Peruanas*, edición crítica de Julio Ortega y Flor María Rodríguez-Arenas. Editorial Universitaria. Santiago, 1997, pág. 465.

> to lo mucho que el discurso histórico depende de estrategias retóricas y técnicas literarias paras producir un efecto de veracidad, y cuestiona implícitamente la ingenua asociación que, hasta el siglo XIX, se hacía entre Historia y Verdad"[111]

Las convergencias, a partir de estas reflexiones, parecen más claras entre *Los amores del diablo en Alhué* e *Historia y Tradiciones del puente Cal y Canto.* Ambos textos suponen su construcción a partir tanto del discurso histórico como del discurso literario (develando las estrategias de uno y otro y desestabilizando su separación categórica) y sobre todo ambos traducen un pasado colonial a un presente que necesita construir una genealogía posible y alternativa a la que existe y obvía aquel legado que en la propuesta escritural de Rosales es el origen que posibilitaría eventualmente la reconfiguración de una historia nacional diferente.

[111] Ob. cit., pág. 469.

CAPÍTULO III

# Miradas en contexto: textualidad, circulación y lectura.

## ¿Qué se lee cuando se lee?

Nos parece pertinente, en este caso, comenzar este tercer y último capítulo justificándolo. En el primer capítulo dibujamos lo que a nuestro entender son los tópicos recurrentes y las estrategias discursivas utilizadas por Justo Abel Rosales en las cinco obras escogidas. En el segundo puntualizamos las categorías discursivas a las que adscriben las mismas. En ese tránsito que fue desde el contenido de los textos de Rosales a sus formas y formatos fueron apareciendo elementos que remitían a un mundo de significaciones posible de intuir desde los libros, pero existente irremediablemente fuera de ellos.

Este capítulo pretende responder preguntas que surgen a partir de las problemáticas relacionadas con los soportes textuales, materiales, de los textos que son el objeto de estudio del presente trabajo, pero también con su circulación y lectura. La premisa desde la cual partimos es que los contenidos de los textos no son independientes de los formatos materiales que los contienen y, a partir de esto, creemos que responder preguntas como ¿para quién escribía Justo Abel Rosales?, ¿cómo publicaba sus textos?, ¿dónde lo hacía? y ¿quién los leía efectivamente? nos pueden dar luces para entender finalmente qué significaban y qué sentido tenían en su contexto de producción, es decir, en la década de los años 1880 del siglo XIX.

Ahora bien, reconstruiremos específicamente el tránsito del cuerpo de solo uno de sus textos, *La Cañadilla de Santiago, su historia i sus tradiciones. 1541-1887*, como ejemplo posible de circulación de este tipo de textualidades. Nos parece, sin embargo, que a partir de esta investigación podemos inferir un camino similar para las demás obras.

¿Qué se lee cuando se lee? es una pregunta que alude por lo menos a dos asuntos en los que quisiéramos detenernos brevemente. Primero, haciendo una lectura denotativa o literal, que apunta hacia el formato o soporte material de la lectura, es decir, se leen libros, se leen periódicos, revistas, en la actualidad páginas de Internet, es decir, es una pregunta que se refiere al continente textual de las obras. En otro nivel de lectura, la misma pregunta podría referir a un tipo de literatura, género o autor. Nos referimos a la pregunta por los gustos, por las lecturas efectivamente realizadas. Las apreciaciones académicas no necesariamente remiten o utilizan un criterio relacionado con la recepción inmediata o tardía, efectivamente producida de una obra o de un autor. Por el contrario, suele omitirse la opinión popular o masiva al momento de construir el canon de la literatura de un periodo, en este caso lo que se ha construido como *la* literatura del siglo XIX, y enfatizamos el artículo definido para explicitar lo excluyente de la denominación. En este sentido la pregunta ¿qué se lee cuando se lee? apunta justamente a tratar de dilucidar si Justo Abel Rosales era leído, en qué soportes y cómo circulaba en su contexto de significación inmediato, pese a que no haya sido considerado como parte de los autores representativos de dicho periodo.

No podemos dejar de mencionar que estas preguntas han ido tomando forma gracias a la investigación de Robert Darnton, quien, en su libro *Los Best Sellers prohibidos en Francia antes de la revolución*[112], plantea la siguiente interrogante: ¿Qué leían los franceses en el siglo XVIII? A la que responde haciéndose cargo específicamente de cierta literatura, la ilegal, denominada en ese entonces como libros filosóficos (lo que no aludía necesariamente a la filosofía en el sentido actual y disciplinario del término, sino que admitían también, por ejemplo, la literatura erótica, entre otras cosas). Lo interesante a nuestro modo de ver, es que el ojo está puesto en los ejercicios de escritura, circulación y lectura efectivamente producidos y no en el canon de la literatura francesa del siglo XVIII (construido con posterioridad, evidentemente). Darnton demuestra cómo, por ejemplo, en las últimas décadas antes de la revolución, la literatura erótica era tanto o más consumida que los tratados de Voltaire y Rousseau.

¿Qué se lee cuando se lee? es una pregunta que nos permite indagar, pensar qué leía la escasa población de alfabetos santiaguinos en la década de 1880. La hipótesis de la que partimos, evidentemente, es que leían tanto o más a Justo Abel Rosales que a los autores que conforman *la* literatura chilena del siglo XIX.

Este capítulo se construye como un recorrido, como un tratar de entender la emergencia de un texto como *La Cañadilla de Santiago, su historia i sus tradiciones.* Comenzaremos presentando cómo este fue publicado de a pedazos como folletín y en constantes interrupciones, primero en el diario *La Época*, luego en *Los Debates* y finalmente como libro unificado por el Establecimiento Tipográfico de La Época. Luego reconstruiremos la impresión de un periodo, de un año específico, 1887, que fue en el que se publicó la obra. A continuación presentaremos el estado del periodismo chileno en ese momento y la labor que en él desempeñó Justo Abel Rosales, para posibilitar la comprensión del funcionamiento de este tipo de medios de prensa, específicamente en los dos periódicos mencionados. Concluiremos este capítulo analizando los polos de la recepción del texto, tanto los configurados desde su propia enunciación como la recepción que tuvo *La Cañadilla de Santiago*... entre el público lector que accedió a ella en 1887.

---

[112] Darnton, Robert: *Los best sellers prohibidos en Francia antes de la revolución*, 2008.

## *La Cañadilla de Santiago, su historia i sus tradiciones. 1541-1887:* Tránsitos del cuerpo de un texto[113].

*La Cañadilla de Santiago, su historia i sus tradiciones. 1541-1887* se publicó como folletín en el periódico *La Época* durante junio y julio del año 1887. Apareció por primera vez justamente el 1 de junio y desapareció el día 31 del mes siguiente. Sin embargo, no todos los días se incluía uno de sus fragmentos en la edición del periódico. De hecho, los días exactos en que aparece son solo veinticinco a lo largo de los dos meses mencionados: 1-4, 8, 29 y 30 de junio; 1, 5, 7-9, 12-15, 19-24, 29-31 de julio. Entre los días 1 y 5 de junio se publica la primera de las tres partes del texto completo, "La Chimba Antigua", distribuida en cuatro subcapítulos: El camino de Chile, La chacra de Pedro de Valdivia en la Chimba, La cañada de la Chimba y La Recoleta Francisca.

"El Corregidor Zañartu", la segunda parte del texto, comienza a aparecer el día 5 de julio con el capítulo Los Zañartu de Oñate y Chile, sin embargo se interrumpe su publicación en el subcapítulo VI denominado Los últimos años del Correjidor Zañartu i su muerte. Aquí perdemos la pista de nuestro texto. Lamentablemente en ninguna parte del periódico o del texto se explican los motivos que desencadenaron el alejamiento de Rosales y *La Cañadilla de Santiago ...* de las hojas de *La Época*.

Reencontramos a Rosales y a su texto dos meses después en el diario *Los Debates* el día martes 4 de octubre. De hecho, esta vez sí se publica una nota aclaratoria en la sección "Hechos diversos" del mismo día, en la que se anuncia la compra del trabajo de Justo Abel Rosales y el inicio de su publicación en *Los Debates.*

---

Este diario ha adquirido la propiedad de la obra que actualmente escribe don J. Abel Rosales bajo el título de *La cañadilla de Santiago*, algunos de cuyos capítulos empezamos a publicar desde este número.

---

Aparece efectivamente entre octubre y diciembre de 1887 a lo largo de 37 hojas periódicas[114]. Entre los días 29 y 31 de octubre finaliza la segunda parte del trabajo de Rosales, en la cual se transcribe el testamento completo del Corregidor Zañartu. El 2 de noviembre comienza la publicación de la tercera parte denominada: "El barrio de los Obispos". Importante es destacar que desde el día 18 de noviembre el nombre de la columna de Rosales se cambió de Cañadilla de

---

[113] De este apartado extraje los datos presentes en "*La Cañadilla de Santiago*: tránsitos del folletín al libro", publicado como parte del estudio preliminar a la segunda edición completa de *La Cañadilla de Santiago*. Véase Rosales, Justo Abel: *La Cañadilla de Santiago. Su historia y sus tradiciones. 1541-1887*, Santiago de Chile, Editorial Sangría, 2010, pp. 19-21.

[114] Los días en los que aparece son: 4-6, 9-11, 13, 15, 21-24, 29, 31 de octubre; 2-4, 08, 11, 12, 17-19, 24-26, 29 de noviembre; 3, 5, 9, 10, 15-21 de diciembre.

Santiago a, justamente, el nombre de la tercera parte del texto: El barrio de los Obispos. La publicación nuevamente se interrumpe, quedando inconclusa, el día 21 de diciembre, cuando aparecía el décimo subcapítulo de la tercera parte: El arenal – La población de Ovalle[115].

El término de la publicación de *El Barrio de los Obispos* escapa absolutamente a motivos relacionados con su autor, Justo Abel Rosales, y su forma de relacionarse o trabajar, o con la obra propiamente tal (como seguramente ocurrió en el caso anterior, en el diario *La Época*) ya que obedece a un hecho externo al texto y a su autor: el cierre del diario *Los Debates*. Así lo anuncia una breve nota en la sección Crónica el mismo 21 de diciembre: "'Los Debates' dejará de salir a luz desde mañana".

Respecto al futuro de la obra de Rosales en la misma sección Crónica del mismo 21 de diciembre del periódico *Los Debates* aparece una nota que anuncia la publicación de la obra en formato de libro:

> La Cañadilla de Santiago- Esta interesante obra sobre la historia del mencionado barrio que se está publicando en nuestras columnas aparecerá en un folleto a fines del siguiente mes. Su autor, don Abel Rosales, está haciendo imprimir los últimos pliegos. La obra constará de mas de doscientas páginas a dos columnas.

De esta manera, de la misma forma que los lectores de *Los Debates* del día 21 de diciembre de 1887, nos enteramos de que *La Cañadilla de Santiago...* volverá a desaparecer, una vez más, y que promete reaparecer en cuerpo unificado en enero de 1888.

Aparece, en efecto, impresa por el Establecimiento Tipográfico de La Época, ubicado en la calle del Estado, Num. 36 J, pero fechada en 1887. Podemos inferir que el establecimiento tipográfico en el que la obra se imprimió correspondía al del diario *La Época*, ya que a fines del siglo XIX las imprentas de los diarios solían publicar diversos tipos de textos además de los periódicos que los sustentaban[116].

Los únicos dos textos que hemos encontrado publicados por el Establecimiento Tipográfico de La Época en el año 1887 son la *Matrícula de las Profesiones e Industrias: sujetas por la lei al pago de la contribución de patentes /Departamento de Santiago*[117] y el *Informe de los injenieros Ramón Correas Rivera i Antonio Brieba*

[115] Esto quiere decir que los últimos seis capítulos de *La Cañadilla de Santiago, su historia i sus tradiciones...* fueron publicados por primera vez en formato libro, a diferencia de sus antecesores.

[116] La imprenta de *La Época* es una de las 18 que funcionaban en Santiago en 1887 según el Anuario de la Libertad Electoral para ese mismo año.

[117] *Matrícula de las Profesiones e Industrias: sujetas por la lei al pago de la contribución de patentes /Departamento de Santiago.* Santiago: Establecimiento Tipográfico de La Época, 1887. 181 págs., 24 cm.

*sobre el mineral de Vicuña: ubicado en el departamento de Chañaral*[118]. Sin embargo entre los años 1882 y 1890 se publicaron por lo menos once textos, aparte de los mencionados, de los que existen ejemplares en la Biblioteca Nacional[119].

*La Cañadilla de Santiago. Su historia i sus tradiciones. 1541-1887* fue editada como libro o, en palabras de *Los Debates*, como folleto unificado, efectivamente, y tuvo, como se había anunciado en la nota aludida, más de doscientas páginas, de hecho tuvo 240 (contando el índice).

Hemos tenido acceso a tres ejemplares de este libro, el primero perteneciente a la Biblioteca de la Facultad de Filosofía y Humanidades de la Universidad de Chile (Colección Eugenio Pereira Salas) y los otros dos a la Biblioteca Nacional (Colecciones Matta Vial y Sección Chilena). Nos gustaría ahora, brevemente, puntualizar cuáles son las diferencias que se establecen entre ellos. Por ejemplo, el de la Sección Chilena está empastado junto al *Anuario de la Libertad Electoral*[120], posee índice y solo dos timbres, ambos de la Biblioteca Nacional, uno que se limita a anunciarlo y otro que puntualiza que pertenece a la Sección Chilena. Por el contrario, el ejemplar revisado en la Biblioteca de la Universidad está empastado solo, también posee índice, y tiene un único timbre en el cual se lee Universidad de Chile, Facultad de Filosofía y Humanidades, Departamento de Ciencias históricas. Por último, *La Cañadilla de Santiago...* de la Colección Matta Vial de la Biblioteca Nacional, también está empastado solo, no tiene índice y posee dos timbres. En el primero se lee Sección Control, y Catalogación. Biblioteca Nacional, y en el segundo Seminario Enrique Matta Vial. Biblioteca Nacional. Santiago.

---

118 *Informe de los injenieros Ramón Correas Rivera i Antonio Brieba sobre el mineral de Vicuña: ubicado en el departamento de Chañaral.* Santiago: Establecimientos tipográficos de "La Época", 1887, 24 pág., 23 cm.

119 Estos son: 1) *Sociedad Filarmónica de Santiago, Memoria presentada por el directorio en la reunión jeneral de 4 de mayo de 1890.* 2) Club de Setiembre: *Estatutos del Club de Setiembre con la reforma aprobada por el consejo de estado en sesión de 15 de noviembre de 1888.* 3) Sociedad Minera Emma Luisa del Guanaco: *Segunda memoria presentada por el directorio a la junta jeneral ordinaria de accionistas, en 5 de setiembre de 1888.* 4) *Hoja de servicios del capitan de fragata D. Luis Pomar desde el 1o. de enero de 1852 hasta el 21 de mayo de 1886.* 5) Sociedad Filarmónica de Santiago: *Memoria presentada por el directorio en la reunión jeneral de 3 mayo de 1885.* 6) Solovera, Eduardo, *La Transfusión de la sangre*: conferencia leída en la "Sociedad Médica" el 9 de mayo de 1885 y publicada en los números 11 y 12 del Boletín de Medicia". 7) Vidal Gormaz, Francisco, n. 1837..: *Misión de Francisco Vidal Gormaz a Estados Unidos i Europa.* 8) *Estatutos de la Sociedad La Razón aprobados el 11 de Setiembre de 1882.* 9) *Proyecto de una fábrica de azúcar de betarraga en la Rinconada del Parral.* 10) *Sentencia de primera instancia del juicio sobre nulidad de unos contratos, entre don José R. Cortes i otra con don Ruperto Ovalle.* 11) Compañia esplotadora de las Condes: Primera *memoria presentada por el consejo directivo a la junta jeneral de accionistas.*

120 *Anuario de la Libertad Electoral.* Año II, Santiago de Chile, imprenta de la libertad electoral, Morandé 38, 1887.

Pero es en este último libro revisado en el que aparece un texto fundamental que está ausente en los otros dos ejemplares examinados: una nota, que es más bien una pequeña hoja pegada a la primera empastada del libro, en la que se lee:

> *Mis Agradecimientos*
>
> *Creo de justicia dejar constancia aquí de mi profundo agradecimiento a cada uno de los señores don Eduardo Mac-Clure, don Luis Rodríguez Velasco, don Máximo R. Lira, don Alberto Poblete Garin por haber honrado este trabajo no solo dandole hospedaje respectivamente en las columnas de los diarios "La Época", donde se empezó, i "Los Debates", donde ha terminado, sino tambien por haberme dado todas las facilidades necesarias para recopilar esa publicación en el presente libro.*
>
> *J. Abel Rosales*
>
> *Santiago, diciembre 31 de 1887*

La nota de agradecimientos escrita por Justo Abel Rosales y adosada al ejemplar impreso de *La Cañadilla de Santiago...* se vuelve fundamental en varios sentidos. Cabe aquí enfatizar en la clave que nos entrega al momento de seguir la circulación editorial del texto que nos ocupa.

Rosales le agradece a estos cuatro señores: Eduardo Mac-Clure, Luis Rodríguez Velasco, Máximo R. Lira y Alberto Poblete Garín por *haber honrado este trabajo no solo dandole hospedaje respectivamente en las columnas de los diarios "La Época", donde se empezó, i "Los Debates", donde ha terminado*, es decir, por publicar su texto en *La Época* y *Los Debates* respectivamente, sino también por ayudarlo a imprimir su trabajo finalmente como el libro que contiene la nota de agradecimiento. Pero, ¿quiénes son los señores Mac-Clure, Rodríguez Velasco, Lira y Poblete Garín?

Eduardo Mac-Clure (1850-1901) fue director de *La Época*, de hecho presidía las tertulias del diario. Fue también redactor de *La Horca*, diario que apareció en el contexto de la guerra civil de 1891. Luis Rodríguez Velasco (1838-1919) fue un destacado poeta y dramaturgo. Era cronista de *La voz de Chile* (1862- 1864) y publicaba noticias en verso. Colaboró, más tarde, en *La Libertad* con traducciones teatrales de Alfred de Musset. Estrenó en 1869 su obra de teatro *Por amor y por dinero.*

Máximo Ramón Lira (1840- 1916) fue traductor, poeta y diplomático. Reemplazó temporalmente al señor Blanco Cuartín en su cargo en *El Mercurio*, el año 1884. Fue redactor de *El Independiente*, de *La Patria* y de *La Restauración.* Fue Redactor de *El Mercurio* entre los años 1890 y 1892. Alberto Poblete Garín administró *La Época* desde sus inicios en el año 1886. Luego fue secretario de redacción de *La Libertad Electoral* y administrador de *La Ley*[121].

Como se puede ver en el párrafo anterior, Justo Abel Rosales escribe una nota de agradecimiento no contemplada en la planificación original de su obra, en la que reconoce el apoyo y colaboración de cuatro periodistas influyentes en el Chile de la década de los años 1880, sin los cuales hubiera sido imposible la aparición de su texto en periódicos, y más tarde publicado como libro.

La segunda edición de esta obra es del año 1948, y es de relativamente fácil acceso, existiendo varios ejemplares de esta en las bibliotecas de Santiago. Se llama *La Chimba Antigua. La Cañadilla de Santiago 1541-1887.* Lamentablemente cambió no solo su título sino también su contenido, en la medida en que esta edición no corresponde al texto completo sino solo a la primera de las tres partes del texto original. De todos modos la segunda edición es fiel a la primera en cuanto a la parte que reproduce; tanto la Advertencia como sus cuatro capítulos coinciden de manera exacta. Cabe destacar que existen supresiones de notas al pie aclaratorias, lo que corresponde a una modificación del sentido del texto original, primero por reimprimir solo la primera de sus tres partes y segundo por suprimir notas a pie de página que contribuyen a la coherencia global del texto.

Esta segunda edición de la primera parte de *La Cañadilla de Santiago...* contiene un Prefacio de Carlos Peña Otaegui, en el que anuncia que el libro se hace cargo del Barrio de Ultra Mapocho, es decir, de Independencia, y realiza una comparación del viejo con el nuevo barrio modernizado. Anuncia que esta es la segunda edición luego de sesenta años de olvido. También expone las razones que lo han impulsado a llevar a cabo la supresión de notas al pie de página:

> Con el fin de alivianar en lo posible el texto recargado de largas y múltiples notas, nos hemos visto obligados a suprimir algunas que a nuestro juicio no agregan nada al interés de la narración y que, en el correr de los años, han perdido su oportunidad[122].

Esta segunda edición contiene, así mismo, una especie de prólogo denominado "Justo Abel Rosales", escrito por Ramón Ricardo Bravo, en el que enumera las obras del autor, dos novelas históricas: *Los amores del diablo en Alhué* y *La negra Rosalía o el Club de los Picarones*; y tres obras de "verdadera raigambre histórica": *Historia y tradiciones del Puente Cal y Canto, Historia del Cementerio*

[121] Véase Silva Castro, Raúl: *Prensa y periodismo en Chile (1812-1956)*, 1958.

[122] Peña Otaegui, Carlos: Prefacio a *La Chimba Antigua. La Cañadilla de Santiago (1541-1887)*, págs. 8-9.

*General* y *La Chimba Antigua*. *La Cañadilla de Santiago*, editada por primera vez en 1887. Anuncia erradamente que esta fue su obra de madurez, su última obra. Bravo menciona también que la ocupación de Rosales, ser empleado de la Biblioteca Nacional, le permitió el acceso a los archivos que forman la base de sus textos.

De esta manera hemos reconstruido el tránsito de *La Cañadilla de Santiago, su historia i sus tradiciones. 1541-1887*. Este comenzó el 4 de junio de 1887 en *La Época*; luego de dos meses se desplazó y en el mes de octubre del mismo año apareció en *Los Debates* hasta el mes de diciembre. Se publicó como un libro unificado entre diciembre del mismo año y enero del siguiente por el Establecimiento Tipográfico de La Época. Finalmente se reimprimió la primera de sus tres partes sesenta años después por la Editorial Difusión.

Establecido, de este modo, el tránsito del cuerpo textual de *La Cañadilla de Santiago*..., y para poder otorgarle un sentido a la circulación editorial que sufrió, reconstituiremos la época en la cual fue editado y estuvo circulando por los diarios de la capital. También profundizaremos en el análisis de este tipo de medios de prensa santiaguinos y el rol que Justo Abel Rosales desempeñó en ellos.

## Contexto de producción: la década de los años 1880

Sin lugar a dudas, las ciudades latinoamericanas, hacia finales del siglo XIX, especialmente de la década de los años 1880 en adelante, comenzaron a experimentar fuertes cambios, relacionados sobre todo con la inclusión de sus economías locales en el concierto internacional liderado por europeos y estadounidenses. Aunque no se dio en todas las ciudades al mismo tiempo y con la misma intensidad, existe un gran consenso en entender que las configuraciones materiales y simbólicas de las mismas sufrieron adecuaciones que les permitieron convertirse en generadoras de sociedades productoras de materias primas a exportar, capaces de albergar a los capitalistas extranjeros con sus herramientas, especialistas y modos de ver y hacer[123].

Julio Pinto señala que, pese a que los frutos concretos de la modernización en Latinoamérica solo se dieron a finales del siglo XIX, las independencias políticas

[123] Fue, ciertamente, la preferencia del mercado mundial por los países productores de materias primas y consumidores virtuales de productos manufacturados lo que estimuló la concentración, en diversas ciudades, de una crecida y variada población, lo cual creó en ellas nuevas fuentes de trabajo y suscitó nuevas formas de vida, que desencadenaron una actividad desusada hasta entonces y lo que aceleró las tendencias que procurarían desvanecer el pasado colonial para instaurar las formas de la vida moderna. En Romero, José Luis: *Latinoamérica: La ciudades y las ideas*. 1999, págs. 296-7.

marcaron el comienzo de ese proyecto y, en la medida en que avanzaba el siglo, el proceso de modernización –entendido como la masificación y profundización de la experiencia del capitalismo, en tanto el mercado se erige como el patrón de conexión e interacción entre los actores individuales o colectivos– se acentuó cada vez más, bajo las experiencias del Estado liberal y del mercado[124].

De hecho, en Chile en este periodo hubo solo presidentes liberales y la expansión del mercado se fue haciendo cada vez más notoria. Los presidentes chilenos de la década de 1880 fueron: Domingo Santa María (1825-1889) que gobernó entre 1881 y 1886, y luego su Ministro del Interior, Manuel Balmaceda (1840-1891) que gobernó entre 1886 y 1891[125].

En la década de 1880 en Chile ocurrieron importantes hitos de la historia nacional. En 1887 nace el Partido Democrático y el año siguiente el Radicalismo (conformado por los liberales más acérrimos) se organiza como partido. En 1888 se fundó la primera Universidad particular: la Universidad Católica de Chile, a manos de Joaquín Larraín Gandarillas y Mariano Casanova, y al año siguiente se fundó el Instituto Pedagógico a cargo de especialistas alemanes.

En 1885 en Chile vivían más de 2 millones y medio de personas, dos décadas antes la cifra disminuye en 700.000, 22 años después aumenta la misma cantidad. El mismo año había 87.000 extranjeros residiendo en Chile

124 Pinto, Julio: "De proyectos y desarraigos: la sociedad latinoamericana frente a la experiencia de la modernidad (1780-1914)", 2002.

125 El primero promulgó el tratado de límites con Argentina (1881) y dio término a la Guerra del Pacífico y a la dominación de la Araucanía; de hecho, entre los años 1883-90 llegaron y se asentaron 10.312 colonos alemanes, suizos y franceses en la región. Santa María también promovió las reformas laicas (registro civil, matrimonio civil y cementerios laicos). Balmaceda, por otra parte, ascendió al poder con el apoyo de Santa María buscando la unión entre los diversos partidos liberales para poseer un programa común de progreso material e intelectual. Pretendía, de esta forma, neutralizar definitivamente a los conservadores, que eran minoría en el Senado, para lo que restableció relaciones con la Santa Sede y designó a Mariano Casanova como arzobispo de Santiago. Lamentablemente su aspiración fue imposible de llevar a cabo y los liberales permanecieron divididos en liberales de gobierno, liberales "sueltos", radicales y nacionales. Se creó, de esta forma, un sentimiento generalizado de rechazo al Presidente y de lucha por la libertad electoral, y en último término por el poder, lo que trajo consigo que la mayoría parlamentaria no estuviera alineada con el Presidente de la República, cercenara el presupuesto en obras públicas y derribara ministerios. Incluso se retrasó meses la ley de contribuciones para 1891, lo que se transformó en el inició del fin de los acuerdos. A partir de este hecho las decisiones, por parte tanto de Balmaceda como del Congreso, comenzaron a moverse al margen de la constitución. Aquella rivalidad entre el ejecutivo y el legislativo devino guerra civil. Por una parte estaba el Presidente con sus partidarios y por otra la Junta de Iquique, dirigida por Montt, Silva y Barros Luco. Se sucedieron diversos enfrentamientos bélicos entre uno y otro bando, y luego de la derrota de Placilla, Balmaceda delegó el mando en el general Baquedano y se suicidó el 19 de septiembre de 1891.

y en Santiago vivían 190.000 personas[126]. En 1870 había en Santiago 1.400 carros de alquiler y en 1872 el cerro Santa Lucía pasó de ser "un depósito de basuras, refugio de vagabundos (...) a un singular paseo en que se mezclaban jardines, árboles, caminos, senderos (...)"[127]. El año 1869 se levantó el Portal Fernández Concha y se fue modificando la Plaza de Armas hacia un estilo francés donde los grupos de personas se podían pasear en sentidos contrarios, para así mirarse, como en un sistema de "vitrinas sociales". En 1873 se abrió el Parque Cousiño, donde los santiaguinos también se paseaban mirándose, pero ahora en carros; más tarde sería en coches[128].

En 1887 se llevó a cabo el Certamen Varela de Poesía "que exigió como pie forzado poesías a lo Becker"[129] y se publicó por primera vez la novela *El ideal de una esposa*, de Vicente Grez. Se abrieron, así mismo, importantes clubes que en la década de 1880 estaban en pleno funcionamiento: Club de la Unión (1869), Club de Septiembre (1874) y Club Hípico de Santiago (1865).

En 1887 era Director de la Biblioteca Nacional don Luis Montt y Montt, ya se había logrado aunar en ella los Archivos Coloniales de Santiago[130] y esta contaba, desde el año anterior, con un anuario recopilatorio de todas las publicaciones recibidas de la prensa chilena. Como informa el propio Montt en 1902, la Biblioteca contaba con 104.242 volúmenes, y cada día era visitada por alrededor de un centenar de usuarios[131].

Hacia la década de 1880 se había importado un total de 121 máquinas para imprimir y 30 prensas litográficas, pero solo existían 80 imprentas, quizá porque algunas tenían varias máquinas, o porque otras se quedaron en proyectos que no se realizaron. En 1887 no se fabricaba papel en Chile, se importaba la totalidad del requerido. En 1888 Rafael Jover, el editor imprentero más importante del país hasta su muerte en 1896, escribió un tratado sobre la *Corrección de pruebas* para unificar en el país ese proceso[132].

En 1887, según José Toribio Medina y su *Biblioteca de Traductores*, en Chile se tradujeron y publicaron 31 obras extranjeras. Muchas de ellas corresponden a folletines que se publicaron en *El Independiente* y otras a textos de tema

[126] Véase Villalobos, Sergio: *Historia de Chile*, págs. 589-592.

[127] Ob. cit., pág. 662.

[128] Respecto a la costumbre de pasearse en coche, véase la famosa novela de Vicente Grez: *El ideal de una esposa*.

[129] Villalobos, Sergio: *Historia de Chile*, pág. 667.

[130] Tarea que llevó a cabo Justo Abel Rosales, como hemos mencionado en la Introducción.

[131] Martínez Baeza, Sergio: *El libro en Chile*, 1982, págs. 225-230.

[132] Véase Subercaseaux, Bernardo: *Historia del libro en Chile (Alma y Cuerpo)*, 2002.

religioso o explícitamente moralizante. La minoría corresponde a textos de enseñanza, derecho o ciencias[133].

En 1887 era todo un éxito *Don Lucas Gómez, o sea el huaso en Santiago*, de Mateo Martínez Quevedo, juguete cómico escrito en dos actos y en prosa en el año 1885, basado en un relato costumbrista de Daniel Riquelme. Tuvo cuatro ediciones financiadas por los empresarios teatrales y se vendieron más de 30.000 ejemplares durante el último cuarto del siglo XIX. Es el primer *best seller* del país, según Bernardo Subercaseaux[134], tomando en cuenta que los tirajes de los libros de producción nacional bordeaban los 500 a 600 ejemplares en la época revisada.

Alberto Blest Gana era leído; así lo demuestran los catálogos de la Librería Nacional que aparecen en *Los Debates* en octubre de 1887[135], y así lo demuestra Juan Poblete, al insistir en que hay que entender a la novela de costumbres nacionales inaugurada por Blest Gana como un género transaccional, el cual se apoderaría como público no tan solo de varones sino también de mujeres:

> Parte de la clave de su éxito literario y social [de Blest Gana] radica en que había sabido escuchar y transformar las necesidades y requerimientos de varios de los actores involucrados en la emergencia de la literatura nacional: la Iglesia, el Estado y por lo menos algunos de los lectores. Esta es la transacción que inaugura el discurso de Blest Gana[136].

Respecto a los índices de alfabetismo "en 1854 solo el 13,5% de la población nacional era o podía considerarse letrada. En 1865 ese porcentaje ha subido al 17%, en 1875 al 22,9% y en 1885 al 28,9%"[137]. Pero no nos engañemos: en la sociedad chilena de los años 1880 no solo tenían acceso a la información contenida en periódicos y en libros los alfabetos, sabemos que las prácticas de lectura no necesariamente respondían al patrón de la lectura individual, íntima o solitaria. Desde esta perspectiva podemos inferir que no obstante más del 70% de la población de Chile en 1887 no sabía ni leer ni escribir, es altamente probable que los porcentaje varíen en las ciudades, sobre todo en la capital, y también que la lectura grupal y en voz alta funcionara activamente en este momento.

---

133 Medina, José Toribio: *Biblioteca chilena de traductores* (1820-1924), 2007, págs. 210-214.

134 Ob. cit., págs. 83 y 100.

135 Véase por ejemplo *Los Debates*, Santiago de Chile, 26 de octubre de 1887.

136 Poblete, Juan: *Literatura chilena del siglo XIX: entre públicos lectores y figuras autoriales*. 2002, pág. 35.

137 Ob. cit., págs. 37-8.

## Prensa y periodismo en Santiago (1872-1891)

La prensa durante el proyecto liberal (1842-1872), según Eduardo Santa Cruz, fue más bien doctrinaria y sus periodistas eran, en estricto rigor, ideólogos que luchaban por un avance intelectual y material que dejaría atrás el periodo colonial:

> El liberalismo decimonónico denunciará la supervivencia de una mentalidad colonial presente en la sociedad chilena, en ideas y hábitos que consagran el atraso y a la resistencia al progreso[138].

Esto se volvía evidente ya que "la barbarie, para el liberal está asociada a la supervivencia del modo colonial de vida"[139]. En este periodo regía la Ley de Imprenta del año 1846, que pretendía suprimir a la prensa como arma política. Para lograrlo admitía, por ejemplo, penas de encarcelamiento u ostracismo para quienes utilizaran los periódicos como medio de propaganda política.

En 1872 se aprueba la nueva Ley de Imprenta, la que implica la supresión del control gubernativo y la desaparición de las penas de prisión y destierro. En otras palabras, la libertad de prensa. Un año antes habían comenzado los gobiernos liberales; por ende, en este periodo:

> Predominan los contenidos académicos, filosóficos, culturales y doctrinarios que, muchas veces, no diferencian al diario de la revista literaria. Aún no existe la noción de especialización que vendrá después, con diarios y revistas (de actualidad, culturales, humorísticos, deportivos, femeninos, infantiles, etc.). El tipo de contenidos delimitará un tipo de lector, suficientemente avisado respecto de ellos[140].

Según Raúl Silva Castro, los periódicos de mayor relevancia de este periodo son *La Época* (Número 1 en 15 de noviembre de 1881, hasta el número 3.054, de 28 de enero de 1892), *El Chileno* (Número 1 en 16 de diciembre de 1883, hasta el número 11[sic] de diciembre de 1924), *La Libertad Electoral* (Número 1 en 11 de marzo de 1886, hasta el número 4.644 el 31 de diciembre de 1901), *La ley* (Número 1 en 10 de junio de 1894, hasta el número 4.996 de 22 de mayo de 1910) y *La tarde* (Número 1 en primero de enero de 1887 hasta el número 2.137 del 15 de diciembre de 1903). Podríamos agregar otros que, fundados con anterioridad, en el mismo periodo eran bastante relevantes, como *Los Debates*, *El Estandarte Católico*, *El Independiente* y *El Ferrocarril*.

---

[138] Santa Cruz, Eduardo: *Análisis histórico del periodismo chileno* [sin año de edición], pág. 16.

[139] Ob. cit., pág. 18.

[140] Ob. cit., pág. 31.

Nos detendremos brevemente en este último ya que a través de un estudio que Carolina Cherniavsky realizó acerca de él vamos a poder entender cómo funcionaba este tipo de periódico para la etapa señalada[141]. *El Ferrocarril* se fundó en 1855 y se publicó hasta 1911. Era un diario liberal, de hecho el propio nombre del periódico alude a la idea de progreso que sustentaba. Sus colaboradores eran casi en su totalidad hombres liberales que habían estudiado en el Instituto Nacional, ligados a la administración pública o al poder legislativo. Entre ellos destacan Amunátegui, Vicuña Mackenna, Lastarria y Orrego Luco.

El artículo de Cherniavsky es interesante sobre todo porque da cuenta de cómo circulaba efectivamente este tipo de diarios por la capital y las provincias de Chile. Por ejemplo, respecto a las agencias afirma que eran

> Lugares donde el público podía adquirir el periódico, entregar los avisos y suscribirse, y que estos, en algunos casos, correspondían a lugares públicos tales como el almacén o una librería, en el caso de Santiago y Valparaíso[142].

*El Ferrocarril* aparecía todos los días excepto el domingo (luego se cambiaría por el lunes), a las 11:00 am, y salía desde su propia imprenta, la cual funcionaba también como oficina del periódico donde se recibían avisos y suscripciones. En el año 1865 tenía tiradas que iban desde los 2.875 hasta los 2.925 ejemplares. *El Ferrocarril* valía un peso mensual; en sus comienzos no se vendía un solo número. En 1880, sin embargo, valía cinco centavos un ejemplar.

Cada número de *El Ferrocarril* poseía cuatro páginas, al comienzo de seis y luego de ocho columnas, y tenía una estructura fija; sin embargo no ostentaba un orden establecido para cada una de sus partes, que eran:

1. Avisos diversos.
2. El Ferrocarril, Editorial.
3. Internacional.
4. Crónica nacional.
5. Cartas, comunicados y remitidos.
6. Artículos.
7. Provincias.
8. Movimiento marítimo.
9. Folletín.
10. Sentencias de las cortes o Boletín Judicial.
11. Telegramas.

[141] Cherniavsky, Carolina: "*El Ferrocarril* de Santiago (1855-1911). El cuerpo de un diario moderno". En *Entre tintas y plumas. Historias de la prensa chilena del siglo XIX*. Ángel Soto Editor, páginas 79-111.

[142] Ob. cit., págs. 87-88.

Respecto a los posibles lectores del periódico analizado, la autora afirma que debieron ser de tres tipos. En primer lugar hombres ilustrados de iguales características a los productores de los artículos que se publicaban. El diario estaba enfocado mayormente a hombres, ya que trataba temas "masculinos". Sin embargo, en un segundo plano, también se dirigía a mujeres, el nuevo público lector, ya que poseía folletines, secciones de "economía doméstica" y avisos de cocineras, empleadas domésticas, institutrices, etc. En tercer lugar, ya que era "barato", cocheros y cocineras ponían sus avisos allí, por lo cual podemos pensar que formaban parte también de sus lectores. Constituyen, de esta manera, un tercer tipo de público lector o de "escucha bien informada".

La propuesta de Carolina Cherniavsky nos parece muy valiosa ya que el enfoque de su análisis parte desde el cuerpo (siguiendo a Subercaseaux) del periódico. Por lo tanto, veremos más adelante cómo este modelo se aplica sin mayores dificultades a otros periódicos del periodo, como *La Época* y *Los Debates.*

Después de la Guerra Civil de 1891 el panorama del periodismo en Chile cambia bastante, de manera radical diríamos, ya que muchos periódicos son cerrados y muchos otros emergen clandestinamente como una voz de lucha en el contexto político que se estaba viviendo. Un ejemplo de este fenómeno periodístico de medios que hicieron campaña de reivindicación balmacedista es *La Democracia*, periódico fundado por Justo Abel Rosales y Salvador Soto el día viernes 24 de diciembre de 1891, al que volveremos más adelante.

## *Los periódicos* La Época *y* Los Debates

*La Época* de Santiago apareció el día 15 de noviembre de 1881 y publicó a lo largo de once años 3.054 números. El último de ellos apareció el día 28 de enero de 1892. Su origen radica, según Raúl Silva Castro[143], en la decisión de Agustín Edwards Ross de comprar *La Época* en 1882, la que había sido fundada por Guillermo Puelma Tupper. El primero de septiembre de 1882 quedaron fijados, en el mismo diario, los propietarios: Agustín Edwards, Guillermo Puelma Tupper y Benjamín Dávila Larraín. Entre los colaboradores están Domingo Amunátegui Solar, Vicente Grez, Augusto Orrego Luco, entre otros. En el año 1885 Edwards era senador por Valparaíso, y fue ministro de Balmaceda hasta que quebró con él, y sus dos diarios se volvieron de oposición (*El Mercurio* y *La Época*) y fueron clausurados.

Silva Castro afirma que esta hoja "por estar escrita con mucha elevación nunca alcanzó a ser popular", lo que alude al carácter eminentemente literario, y en cierta medida excluyente, de la publicación.

[143] Silva Castro, Raúl: *Prensa y periodismo en Chile (1812-1956)*, 1958, Capítulo VIII.

> En el periodo de que damos cuenta *La Época* llegó a ser el diario literario por excelencia, sin rival en Chile. Llamaba la atención del gremio por la exquisitez con que fue adornado su local, en el que imperaba con su sonrisa acogedora y siempre cordial el director, Eduardo Mac Clure (1850-1901), cuñado del señor Edwards. En las oficinas de *La Época* se desarrollaba además una tertulia amenísima, de que han dado noticias no pocos de sus partícipes, y entre ellos el más importante de todos, Rubén Darío[144].

Respecto a la relación del poeta Rubén Darío con *La Época*, el autor asevera que fue en este medio en el que este se desenvolvió, sobre todo en las tertulias que en él se llevaban a cabo.

Cuando Rubén Darío llegó a Chile, *La Época* ya se había constituido en el diario literario por excelencia, como hemos dicho, y había proporcionado importantes páginas a la historia literaria nacional. En 1882, por ejemplo, publicó en Folletín los *Recuerdos del Pasado* de Vicente Pérez Rosales, y con la forma impresa en el diario se hizo la primera edición de este libro, clásico en las letras chilenas[145].

Alfonso Valdebenito insiste en el carácter liberal del medio haciendo hincapié en la idea de caracterizar a *La Época* como un diario orgánico al gobierno de Santa María.

> Posteriormente se funda "La Época", en que la noticia adquiere mayor importancia que los artículos de redacción y que los editoriales; fue decidido sostenedor de los principios liberales avanzados y de las reformas administrativas del gobierno del Presidente Santa María[146].

En su *Historia del periodismo chileno* Valdebenito da cuenta, también, del carácter eminentemente literario que poseía *La Época* durante los años 1880.

> En esta turbulenta época de nuestra historia existen, sin embargo, importantes periódicos, tales como "La Época", en que se revelan los nuevos valores literarios. En sus columnas adquieren fama Pedro Balmaceda Toro, que escribe con seudónimo de A. de Gilbert, y el nicaragüense Rubén Darío, llegado a Chile en el año 1885[147].

[144] Ob. cit., pág. 298.

[145] Ob. cit., pág. 300.

[146] Valdebenito, Alfonso: *Historia del periodismo chileno (1812-1955)*, 1956, pág. 66.

[147] Ob. cit., pág. 68.

Lamentablemente poseemos menos datos acerca de la historia y perfil de *Los Debates*. De hecho, ni Raúl Silva Castro ni Alfonso Valdebenito aluden a este periódico en sus historias del periodismo chileno. Lo que sabemos es que fue un medio de menor importancia (comparado con *La Época*, por lo menos) y que fue fundado el primero de septiembre de 1884. Se mantuvo activo hasta 1887, de hecho se cerró el día 21 de diciembre de aquel año, y no poseemos noticias acerca de cuáles hayan podido ser las causas de su quiebra.

Respecto a la estructura o "cuerpo" de ambos diarios, podemos afirmar que se ajustan bastante a la estructura estudiada por Carolina Cherniavsky para *El Ferrocarril*. De hecho, *Los Debates* posee cuatro hojas de siete columnas cada una, prácticamente el 40% de su espacio es ocupado por publicidad, se vende a cinco centavos el número suelto y se publicitan las suscripciones por adelantado.

*Los Debates* se autocaracteriza como "El diario de la tarde": un periódico político, noticioso y comercial fundado el 1° de septiembre de 1884. Abajo del título aparece el nombre de su Gerente y Editor: Daniel Palacios (que luego será reemplazado por Alberto Poblete Garín).

Respecto a las suscripciones, se estipula que el pago debe ser anticipado y que será más conveniente en la medida en que esta sea más larga. Para un año costará 10.00 pesos, para seis meses 5.50, tres meses 3.00, un mes 1.00. En un recuadro paralelo se anuncia que

> No hai dia forzoso para empezar las suscriciones. En provincia no se admite suscripciones por menos de un semestre. El pago de suscriciones puede efectuarse en las ajencias del diario o enviando jiros postales a la orden del editor de "Los Debates". El envio del diario será suspendido al terminar cada suscrición no renovada.

Respecto de los avisos publicitarios, su categorización varía según el lugar que ocuparán en el diario. Así, los que van sobre la Crónica costarán veinte centavos por cada diez palabras. Los que se pondrán en las Noticias del día, diez centavos por cada diez palabras, y los avisos que se publiquen periódicamente o los que se salgan de forma ordinaria, serán cobrados a precios convencionales. Respecto a las inserciones, las de interés general se publicarán gratis y las concernientes a negocios particulares serán publicadas pagando a razón de veinticinco pesos por columna. También *Los Debates* promociona al trabajo que lleva a cabo su imprenta en la que "Se hace con esmero toda clase de trabajos tipográficos a precios bajos".

Por su parte, la estructura de *La Época* no varía mucho respecto de la de *Los Debates*: también posee cuatro páginas pero estas están divididas en ocho y no en siete columnas. Una gran cantidad de su espacio está ocupada por publicidad (pero esta no supera el 40% del espacio total) y sus condiciones de suscripción únicamente difieren de las de *Los Debates* en que el semestre vale únicamente 5.00 pesos.

En provincias no se admite suscripciones por menos de un trimestre. El valor de la suscrición debe ser integrado en alguna de las ajencias del diario, o enviado en jiros postales a la orden del asministrador de "La Época".

A diferencia de *Los Debates*, cada ejemplar de *La Época* contiene un sumario que anuncia los contenidos que tratará. En general estas son las secciones que se desarrollan en cada número: Editorial, Revista de Prensa, Actualidad, Telegramas, Correspondencia, Boletín, Inserciones, Crónica, Partes sobrantes, Defunciones, Avisos, Bellas letras, Tribunales, Causas, Folletín y Noticias. Cabe destacar que no todas las secciones aparecen en todos los números; por ejemplo la sección de Bellas Letras no aparece en todos los números de *La Época*.

Podemos concluir que *La Época* gozaba de mayor solidez económica que *Los Debates*, ya que cobra más barato la suscripción semestral, y la permite en forma trimestral en las provincias; recordemos que, por el contrario, *Los Debates* solo accede a darlas por un periodo semestral. Por otra parte *Los Debates* debe enfatizar en el hecho de que *El envío del diario será suspendido al terminar cada suscrición no renovada*, lo que implica en menor o mayor grado una advertencia que da cuenta de los pagos no recibidos o de la inmensa necesidad de recibirlos.

Respecto al público lector o a la escucha bien atenta de ambos medios, nos parece que debieran coincidir con el perfil construido por Cherniavsky, dado que el precio y el formato no varían en absoluto. Por lo tanto, el grupo de lectores de *La Época* y *Los Debates* debe estar constituido por varones adultos ligados a la intelectualidad o al mundo de la política, por mujeres para las cuales se publican folletines como *Tartarín en los Alpes*, el que no cesa de aparecer ni en un solo número de *La Época* durante 1887. Y, en tercer lugar, grupos de trabajadores capitalinos, letrados o semiletrados, que tenían acceso a los diarios porque escuchaban sus contenidos en las agencias o porque en efecto los leían.

## Justo Abel Rosales, periodista

La sociedad santiaguina de finales del siglo XIX presenció la trasmutación de muchos intelectuales, escritores y poetas en periodistas. Fue esta la estrategia que les permitió no renunciar a sus investigaciones o creaciones artísticas y participar en un mercado que les posibilitara la subsistencia. Fue así como se insertaron en el espacio público, negociando sentidos y contenidos con sus empleadores, pero también con el público lector:

> Pero había un modo oblicuo por el cual los poetas habrían de entrar al mercado, hasta devenir parte indispensable de su funcionamiento, sin tener que negarse a sí mismos por entero. Si no ingresan en cuanto poetas, lo harán en cuanto intelectuales. La ley de la oferta y la demanda, que es el

> instrumento de manejo de mercado, se aplicará también a ellos haciendo que en su mayoría devengan periodistas (...).
>
> Esa transmutación del escritor en periodista no es nueva. Es parte de la empresa histórica de la burguesía. Los diarios surgen con esta clase y con ella adquieren magnificencia. Más que el libro, es ese su instrumento de acción intelectual y a su servicio pone en América Hispana a los escritores en tanto va forjando, por un avance de la especialización a los periodistas propiamente dichos[148].

Justo Abel Rosales no fue la excepción, pues su vida estuvo ligada y marcada por los artículos que publicó en los más importantes medios de la capital durante toda su vida adulta. Cuando tenía tan solo 18 años de edad empezó a colaborar en *El Pueblo*, de Quillota, con el seudónimo de Ruy Blas, que dirigía y redactaba Juan David Olmedo. Sus colaboraciones en ese medio aparecieron entre los años 1873 y 1874. Los artículos que publicó con el nombre de "Los chilenos en Iquique" tuvieron gran repercusión, ya que narraban las paupérrimas condiciones en las que trabajaban los chilenos bajo la "tiránica" autoridad peruana[149].

Más tarde, instalado ya en Santiago y trabajando en la Secretaría de la Corte de Apelaciones, en 1884 es despedido justamente por la publicación de su artículo acerca del soldado Segura, en *La Época*. De esta manera podemos ver cómo la actividad escrituraria de Rosales determina su vida, ya que sus publicaciones se erigen como decisiones éticas respecto de la realidad, lo que le trae consecuencias concretas, como ser expulsado no pocas veces de las instituciones en las que trabajó.

Un ejemplo notable del férreo compromiso político que Rosales ostentó durante toda su vida fue su lealtad al presidente Balmaceda, lo que lo llevó incluso a enviarle una carta, fechada el 25 de febrero de 1891, en la que delataba a los trabajadores de la Biblioteca Nacional que no lo apoyaban y de paso le solicitaba un puesto de mayor rango que el que poseía en dicha institución. Guillermo Feliú Cruz la transcribe desde el Archivo del Presidente J. M. Balmaceda denominándola *Carta de Justo Rosales al Presidente*[150].

148 Rama, Ángel: *Rubén Darío y el Modernismo*, págs. 67-8.

149 Véase De Luigi Lemus, Juan: *Don Justo Abel Rosales Justiniano 1855-1896*, 1971, págs. 1-15.

150 En Feliú Cruz, Guillermo: *Justo Abel Rosales (1855-1896). La bibliografía de los Archivos Nacionales*, págs. 21-2.

*"Excmo. Señor*
*Presidente de la República,*
*Don José Manuel Balmaceda*

*Excemo. Señor: Me tomo la libertad de adjuntarle una nómina de los empleados adictos a V. E. que lo son de la Biblioteca Nacional, a fin de que se sirva no confundirlos con los opositores.*
*Ruego a V. E. me conceda el puesto de Jefe de la Sección de Manuscritos que yo formé con mis esfuerzos y la prensa.*
*Esta es ocasión de que V. E. me de ese puesto, que en justicia me corresponde.*
*Es gracia que solicita de V. E. su más fiel servidor.*

*J. Abel Rosales*

*Santiago, 25 de febrero de 1891"*

*"Empleados que firmaron un acta de adhesión leal al Supremo Gobierno, documento que debe tener el señor Ministro de Instrucción Pública:*

*Jefe del salón Central de Lectura .......... D. Manuel A. Vallejo J.*

*Jefe de la Sección de Fondo General .......... D. Alberto Larraín Barra*

*Ayudante de la Sección de Manuscritos .......... D. J. Abel Rosales*

*Ayudante de la Sección de Fondo .......... D. José Manuel Cruzat*

*Auxiliares: D. Carlos Buzzoni*
*D. Carlos Valdés M.*
*D. Luis A. Luco y Valdés*

*No firmaron por opositores declarados seis empleados, contándose entre éstos, dos Jefes de Sección. Uno de éstos, sin embargo, se inclina más al gobierno, don José N. Frontaura Arana. El otro, don Leandro Cruzat, es monttvarista fino y un peligro en donde esté".*

Rosales publicó numerosos artículos en los periódicos más importantes de Santiago, tales como *La Época, La Libertad Electoral, El Estandarte Católico, El Ferrocarril, Los Debates* y *La Tribuna*, entre otros.

Guillermo Feliú Cruz elaboró un listado de los artículos publicados por Justo Abel Rosales en prensa, basándose también en la investigación de Pedro Pablo Figueroa. Destacan entre ellos *El Capitán Pedro de Recalde, Los primeros*

*Irarrázabal. Apuntes biográficos inéditos* y *El primer Balmaceda, Gobernador y Capitán General de Chile. Apuntes históricos sobre los Balmaceda chilenos,* entre otros[151].

Pese a la importante producción periodística de Rosales, publicada principalmente durante los años 1880, nos parece que podemos destacar su rol como periodista justamente en el año 1891, en el contexto de la guerra civil, cuando junto a Salvador Soto publica el periódico *La Democracia*, en cuyo editorial que se llama "Nuestra Primera Palabra" se lee:

> Apelamos a la conciencia de todos los hombres honrados, que aquí i en el estranjero han estudiado a fondo el orijen del conflicto, su desenvolvimiento i su epílogo tan desastroso como sangriento ¿Fue el pueblo quien hizo la revolucion, o fueron las clases directoras de la sociedad, como se ha dado en llamar a las agrupaciones políticas que disponen del oro, de la prensa i de las grandes influencias sociales? No fué, pues el pueblo el actor i ajente en la trajedia pasada, su actitud redújose a mirar desde lejos la marcha i el desarrollo de la lucha, sin proferir jamás una queja, sin inclinar su opinión a favor de ninguno de los contendientes. Hoy ya es otra cosa. Tócale discernir ahora lo bueno i lo malo de la revolucion, aprovechar sus enseñanzas i prepararse para las fructíferas tareas del porvenir. Nuestra reorganización social empieza desde hoy; i es el pueblo quien debe realizarla, conforme a las leyes i los principios eternos de la democracia. Escabrosa e ingrata es, sin duda, la senda que nos proponemos recorrer; mas, tenemos fe en nuestras convicciones, i fe profunda de que el pueblo nos acompaña con su patriotismo, su aliento i su consejo[152].

[151] Publicaciones en prensa según Feliú Cruz en *Justo Abel Rosales (1855-1896). La bibliografía de los Archivos Nacionales,* 1969: "Los chilenos en Iquique", "Artículo en defensa del soldado Segura", "Los primeros Irarrázabal. Apuntes biográficos inéditos". "El primer Balmaceda, Gobernador y Capitán General de Chile. Apuntes históricos sobre los Balmaceda chilenos". Según Pedro Pablo Figueroa (en Feliú Cruz): 1) En *El Ferrocarril, El Estandarte Católico* y *La Época*: Los antepasados de Freire, La Candelaria. Crónica histórica, Los Lazcanos de Chile, El Oidor don Juan de Balmaceda, Doña Inés de Bazán, heroína mártir de Chiloé, Los primeros Olmos de Aguilera, La destrucción de San Bartolomé de Chillán, El abogado don Benjamín Vicuña Mackenna, El segundo abogado Arzobispo de Santiago, La casa de Pedro de Valdivia y la iglesia de la Vera Cruz, La Jura de la Independencia de Chile, Los archivos históricos de Santiago. 2) En *La Libertad Electoral* y en *La Tribuna*: La apoteosis de Arturo Prat, Bibliografía del literato Miguel Luis Amunátegui, El abogado Arturo Prat, El Capitán Pedro de Recalde (1599-1637). Un análisis detenido de toda la publicación de Rosales que comprenda los numerosos artículos aparecidos en la prensa de Santiago escapa a las posibilidades de la presente investigación.

[152] *La Democracia*, N° 1, Santiago: viernes 24 de diciembre de 1891, pág. 1.

En este editorial podemos ver el fuerte compromiso político que *La Democracia*, de la mano de Soto y Rosales, presentó respecto de la necesidad de construir una organización social desde el pueblo, lejos del arbitrio de las clases dirigentes. A través de ella comprendemos que para Justo Abel Rosales la prensa es el medio legítimo a través del cual es necesario debatir y construir una mejor sociedad, que no sea capaz de llegar al horror que significó la guerra civil.

A nuestro modo de ver, no solo la vida de Justo Abel Rosales estuvo siempre ligada a la prensa, también su producción narrativa está cifrada en esa forma de ver y construir la realidad. De hecho, un lugar común de su escritura es la necesidad de *terminar rápido los apuntes*, para que pasen rápidamente a ser publicados; dicho de otro modo, siempre que Rosales escribe lo hace para un público citadino ávido de historias, noticias y novedades.

En uno de sus libros denominado *Brasileros i Chilenos: Pájinas de una historia antigua y contemporánea; 1643-1889*, publicado en el año 1889, existe en una pequeña nota a pie de página que lo anuncia: "No doi mas detalles cual lo deseaba, por no demorar para la prensa estos apuntes"[153]. En el mismo sentido podemos leer la nota final de *Historia i Tradiciones del Cementerio Jeneral de Santiago*, en la que afirma: "Esta obra se escribió e imprimió en 18 días. Se empezó en 11 de octubre de 1890 y se terminó en 28 del mismo mes"[154]. En *La Cañadilla de Santiago*... también está presente este motivo: "Referiré el caso con la brevedad que me sea posible, pues, aunque la voluntad y la paciencia me sobra, me falta el tiempo"[155].

De esta forma podemos concluir que Justo Abel Rosales fue, entre otras cosas, un destacado periodista que se posicionó intelectual y políticamente desde aquel lugar de enunciación, y esto puede afirmarse sosteniendo que cada una de sus obras fue pensada y publicada primero en los medios de prensa antes que como folletos unificados. Incluso en el caso de *Historia y tradiciones del Puente Cal y Canto*, que se publicó como libro, fue antecedido por un artículo que apareció en prensa acerca de la caída del puente en 1888.

Rosales escribió y, por tanto, construyó la realidad a partir de la situación de enunciación que presenta la lógica comunicacional periodística, y es, en este sentido, parte de los intelectuales latinoamericanos que conformaron así textos propios, que no obedecían a los cánones europeos. Ricardo Palma y sus *Tradiciones Peruanas* se erige como el gran modelo latinoamericano que origina este tipo de construcción narrativa que, a partir del espacio periodístico, construye los relatos de origen de la identidad nacional, basándose principalmente en el

153 Rosales, Justo Abel: *Brasileros i Chilenos: Pájinas de una historia antigua y contemporánea; 1643-1889*, 1889, pág. 155.

154 Ob. cit., pág. 215.

155 Ob. cit., págs. 30-31.

pasado colonial[156]. Pero también esta tradición escritural proviene de obras tan importantes en nuestra historia cultural como la de Rubén Darío y José Martí enmarcadas en el Modernismo literario:

> La transformación de la escritura –y por ende de los modos de percepción de la realidad– fue de tal importancia que el periodismo se convirtió, así, en el vehículo de los primeros textos verdaderamente propios en América Latina[157].

De esta forma vemos cómo la producción narrativa de Justo Abel Rosales pertenece a una época en la que fue desde el periodismo que se configuró una estética, pero también una experiencia vital, particular a la que su obra y su vida como investigador, escritor y periodista, responden consistentemente.

## Lecturas y lectores posibles de *La Cañadilla de Santiago...*

Esto es un intento de reconstrucción; lo que pretendemos averiguar, en alguna medida, es quiénes fueron los lectores de *La Cañadilla de Santiago...* y qué sentido le dieron. Por una parte analizaremos lo que el propio texto construye como autor y lector ideales y luego trataremos de intuir a los que efectivamente tuvieron en sus manos los números de *La Época* y *Los Debates* los días en que aparecían sus fragmentos o los que compraron la edición del libro en los comienzos del año 1888.

> Esta separación obedece a la lógica planteada por Wofgang Iser, quien establece la diferencia entre estética de la recepción (que es la que se ocupa de lectores reales, coetáneos o posteriores a la obra de arte, cuyas reacciones u horizontes de expectativas están condicionados históricamente) de la teoría de la reacción estética (que es la que estudia la interacción entre el texto y lector implícito)[158].

Utilizaremos las categorías de autor y lector modelo o ideal para referirnos a las dos estrategias que se ponen en juego dentro del texto. Es decir, siguiendo a Iser, llevaremos a cabo un análisis teórico de reacción estética para dar cuenta de

[156] Como revisamos en el capítulo anterior denominado: Categorización textual de las obras, a partir del género de la tradición latinoamericana.

[157] Rotker, Susana: *Fundación de una escritura: las crónicas de José Martí*, 1992, pág. 9.

[158] Véase Vargas Duarte, Juan: Introducción a "El proceso de la lectura: Un enfoque fenomenológico", pág. 33.

cómo se configuran en *La Cañadilla de Santiago*… tanto el autor que construye de sí mismo Justo Abel Rosales como el lector ideal que configura para su texto.

Umberto Eco afirma que el lector modelo es una estrategia generada por un autor para calcular los vacíos que su propio texto debe dejar para que sean completados por este y lo conduzcan a la configuración de una interpretación global del mismo.

> Para organizar su estrategia textual, un autor debe referirse a una serie de competencias (…) capaces de dar contenido a las expresiones que utiliza (…). Deberá prever un Lector Modelo capaz de cooperar en la actualización textual de la manera prevista por él y de moverse interpretativamente, igual que él se ha movido generativamente[159].

De esta manera, no existe un lector real que se erija como el lector modelo, por el contrario, este es una hipótesis de trabajo. Los lectores reales del texto podrán acercarse a él más o menos, dependiendo de su competencia, pero jamás coincidirían exactamente con la mente generativa del autor. A su vez, el autor modelo es el que se configura en el texto, pero que no coincide necesariamente con el autor real –de carne y huesos– tampoco.

> Podemos hablar de Autor Modelo como hipótesis interpretativa cuando asistimos a la aparición del sujeto de una estrategia textual tal como el texto mismo lo presenta y no cuando, por detrás de la estrategia textual, se plantea la hipótesis de un sujeto empírico que quizá deseaba o pensaba o deseaba pensar algo distinto de lo que el texto, una vez referido a los códigos pertinentes, le dice a su Lector Modelo[160].

Nos dedicaremos entonces a reconstruir las estrategias discursivas construidas por Rosales en *La Cañadilla de Santiago. Su historia y sus tradiciones. 1541-1887.*

Aunque es problemático ya en sí mismo diferenciar qué es parte del texto y qué no[161], hemos decidido analizar *La Cañadilla de Santiago*… a partir de la Advertencia, es decir, dejando fuera la nota de agradecimientos debido a que la publicación del texto en prensa no la contemplaba y comienza justamente con la mentada Advertencia que pasamos a analizar.

---

[159] Eco, Umberto: *Lector* in fabula. *La cooperación interpretativa en el texto narrativo*. 1987, pág. 80.

[160] Ob. cit., pág. 93.

[161] Me refiero a epígrafes, mapas, notas aclaratorias, entre otros, que no forman parte de la diégesis, pero que sin embargo suelen aportar importantes datos y configuraciones simbólicas al momento de llevar a cabo un análisis de los textos a los que pertenecen.

La Advertencia, que, como escribía, inaugura tanto las publicaciones periódicas del texto en *La Época* como la edición del libro, comienza con dos epígrafes: el primero es una declaración jurada que dio en 1613 el capitán don Juan Ortiz de Cárdenas en la que afirma que por el Camino de Chile, que viene de Aconcagua y Colina y desciende por el valle Huechuraba, llegó Pedro de Valdivia con su gente. El segundo es un escrito presentado al Gobierno por el Procurador de la Ciudad, Dr. don Teodoro Sánchez, el 2 de diciembre de 1787, en el que afirma que "Esta vía pública de la Cañadilla es una de las más principales y necesarias entradas y salidas de esta capital".

A partir de la inauguración del texto, a través de los dos epígrafes introductorios, se puede comenzar a analizar la construcción del autor ideal de *La Cañadilla de Santiago...* Primero que todo, ambos textos corresponden a documentos históricos, si tomamos en cuenta que el más reciente está fechado exactamente cien años antes de su publicación en este texto. Este es entonces el primer punto de nuestro análisis: el autor ideal del texto se configura como un conocedor del pasado *a través* de *sus* textos (los textos-documentos de ese pasado). Segundo, el conocimiento que quiere transferir tiene que ver con dos certidumbres que quiere justificar: 1) La fijación del Camino de Chile como el sendero a través del cual avanzaron hacia el sur los colonizadores españoles, y 2) La importancia que posee la Cañadilla para la ciudad de Santiago.

De esta manera ya se va configurando un sujeto textual-autor que pretende demostrar que el Camino de Chile, denominado más tarde Cañadilla, posee una gran importancia incluso desde el comienzo de la historia de Chile. Utilizamos el verbo demostrar ya que la aparición de estos epígrafes nos hace inferir que si viaja hasta tan lejos para encontrar legitimaciones de su punto de vista debe ser porque en su contemporaneidad no existen. Nuestro autor ideal, entonces, tiene que validar su punto de vista, la importancia de la Cañadilla, a través de la reconstitución del pasado de la ciudad de Santiago.

La Advertencia propiamente tal comienza exponiendo cómo ha sido compuesto el presente trabajo.

> Para componer el presente trabajo he revisado prolijamente los archivos coloniales de todo Santiago, en especial los que se encuentran en la Biblioteca Nacional, tales como el de la Capitanía jeneral, el de la Real Audiencia, el de la Contaduría Mayor, etc. Casi todos los documentos que se contienen salen a luz por vez primera, lo mismo que las tradiciones que he recojido de las fuentes mas verídicas.

Se corrobora entonces que el *trabajo* se ha construido basado en textos documentales pertenecientes a los archivos históricos de Santiago, pero que el conocimiento de estos se complementará con las tradiciones[162] que ha recogido de las fuentes más verídicas.

Pese a que no existe evidenciada una primera persona, la conjugación del verbo haber marca su presencia autorial individuada, esta se concretiza en las formas: *he revisado* (prolijamente los archivos coloniales) y *he recogido* (tradiciones de las fuentes más verídicas). Llama la atención que ambas aludan a construcciones verbales que denotan actividad intelectual, pero de diferente índole: él ha revisado prolijamente documentación y ha recogido tradiciones. Es decir, el acceso a los documentos le resulta de fácil acceso (el verbo revisar no implica movimiento, sino volver a mirar algo que ya se posee), por el contrario, el ir a recoger supone un movimiento, alude a rescatar conocimientos que andan dispersos –las tradiciones– y que es necesario rescatar y aunar. Esto nos ayuda a situar espacialmente a nuestro autor ideal, en la medida en que él no debe moverse para revisar archivos pero sí para ir a recoger tradiciones, por lo tanto su lugar de enunciación espacial *es* el archivo, como lugar simbólico –y material– que contiene el pasado.

Lo último que quisiéramos rescatar de esta primera parte de la Advertencia es que nuestro autor ideal enfatiza la idea de que los documentos que presentará en su trabajo saldrán por primera vez a la luz pública. Dicho de otro modo, el autor se convierte en un medio entre los documentos, el pasado de Santiago, y el lector que no tiene acceso a ellos. La Advertencia continúa:

> Aunque el autor atribuye a todo esto una gran importancia histórica, toca al lector, sin embargo, juzgar de su verdadero mérito.

En este fragmento emerge de manera explícita la figura del lector, quien posee, primero que todo, la complicada tarea de juzgar la importancia de la información que el autor le proveerá.

> El barrio de la Cañadilla, i en jeneral todo el estenso i poblado barrio ultra-Mapocho o de la Chimba, ha pasado casi inadvertido para nuestros escritores, probablemente porque no han encontrado antecedentes que les permitan fijar su verdadera importancia; pero yo, en merito de mis investigaciones, puedo declarar desde luego, que despues del barrio central, aquel es el de mas interes histórico de Santiago.

Aquí, aparece en toda su magnitud nuestro autor modelo, quien ha sido el único escritor capaz de darse cuenta de la importancia del segundo barrio de más interés histórico de Santiago. Y también, de soslayo, lanza por vez primera

[162] Para entender el concepto de tradición y sus alcances véase el Capítulo II.

una crítica al gremio de los expertos por su ineptitud; aunque después los justifique y esconda la mano, su posición frente a ellos ya ha sido estipulada.

La Advertencia termina sugiriendo el cambio de nombre para el barrio de la Chimba, que deberá llamarse: El Barrio de los Obispos. De esta manera, a través del cambio de nombre, lo que en realidad está sugiriendo es la relevación de una parte de la historia de Santiago que ha sido fundamental y que no ha obtenido el reconocimiento que él considera adecuado[163]. En el último párrafo vuelve a aparecer la figura del lector pero ahora caracterizado de manera más precisa:

> (...) que todo esto i mucho mas *oirá* i sabra por vez primera el *curioso i paciente lector* que me acompañe en esta escursion ideal por entre los siglos i las jeneraciones que se han venido sucediendo al norte del Mapocho (el subrayado es nuestro).

La Advertencia termina definiendo de manera bastante clara y prototípica al lector ideal de *La Cañadilla de Santiago...* es curioso, paciente[164] y no necesariamente debe saber leer para acceder a la información contenida en el texto, ya que podrá *oírla*. Este detalle se vuelve fundamental al entender que el autor configura a un *lector* ideal que quizás es analfabeto, ya que se informará de *todo esto y mucho más* escuchándolo. El autor se termina definiendo como un guía de esta *excursión ideal* que nos llevará al pasado de Santiago y a la historia del Barrio de los Obispos.

A lo largo de los veintinueve capítulos que posee *La Cañadilla de Santiago...* la construcción de autor ideal que hemos esbozado se va corroborando y volviendo más explícita. De hecho, una gran parte del libro la constituyen las inmensas transcripciones de documentos provenientes de los archivos antiguos de Santiago, y a través de ellos el autor legitima su escritura y puntos de vista. Se sigue configurando, de esta manera, como un erudito que acerca al lector esta información a la que sin él no tendría acceso.

Por otra parte, a lo largo de todo el texto también, discute con los escritores no solo no haberse hecho cargo del barrio de la Chimba sino de falsear datos y fechas en sus publicaciones[165]. Por el contrario, el paciente y curioso lector va desapareciendo a lo largo del texto, sin embargo la escritura misma lo construye

163 A través de un proceso de rebautismo simbólico, estudiado como uno de los tópicos recurrentes de la escritura de Rosales, en el primer capítulo.

164 Recordemos que deberá seguirle la pista durante ocho meses para acceder al texto completo, como revisábamos en el subcapítulo anterior.

165 Para un análisis más profundo de este fenómeno revisar el subcapítulo Estrategias textuales del primer capítulo.

como un cómplice de la reivindicación que el autor ideal, con esta publicación, pretende hacer.

Desplazándonos al polo de la estética de la recepción, nos gustaría examinar brevemente quiénes deben haber sido los lectores reales del texto de Rosales, para lo cual nos detendremos primero en los posibles lectores de *La Época* y *Los Debates* y luego avanzar hacia los lectores del libro, que pueden presumiblemente coincidir, pero no necesariamente.

Respecto a los lectores de *La Época* y *Los Debates*, ya hemos dibujado sucintamente cuál puede haber sido su perfil en el apartado de este capítulo que lleva ese nombre. Ahora bien, restringiendo un poco la mirada, nos parece que los lectores de las columnas de Rosales deben haber sido especialmente de la primera clase que estipulamos, la que correspondía, siguiendo a Cherniavsky, a varones adultos, liberales, ex alumnos del Instituto Nacional y ligados a la administración pública. Mi afirmación se basa en que el trabajo intertextual de *La Cañadilla de Santiago*... es bastante fructífero y para entenderla en su profundidad se necesita conocer, por lo menos, las producciones historiográficas de Diego Barros Arana y Benjamín Vicuña Mackenna. Desde esta perspectiva, y basándonos en el carácter eminentemente literario, "elevado" y por tanto excluyente de este tipo de publicación, creemos que en su mayoría, pero no en su totalidad, el perfil de sus lectores debe haber correspondido al delineado.

Es importante destacar, por otra parte, que sin lugar a dudas los lectores de *La Cañadilla de Santiago*... deben haber leído discontinuamente sus fragmentos, debido al largo tránsito que debieron recorrer, por lo cual pueden haber correspondido a lectores o escuchas ocasionales del texto. Un ejemplo de esto es que luego de un tiempo publicándose en *Los Debates* cambió de nombre a El Barrio de los Obispos, lo que denota justamente esta discontinuidad.

Lamentablemente, debido a lo mencionado anteriormente, no tenemos noticias de la reacción del público lector del texto en prensa. En el terreno de la especulación podríamos mencionar que quizás la interrupción de su publicación se debiera a que no complacía a los lectores de *La Época*, pero en realidad no poseemos datos que así lo avalen. Distinto será el caso de la publicación de *La Cañadilla de Santiago*... como libro o folleto unificado.

Afortunadamente podemos seguir la pista de la recepción que tuvo el libro entre sus lectores a través de la publicación del segundo folleto de Rosales, denominado *Historia y Tradiciones del Puente de Cal y Canto*, editado al año siguiente. Cabe destacar que este libro no apareció con antelación en prensa[166], por lo tanto no fue testeado en el público, lo que prueba que *La Cañadilla de*

166 De hecho, el mismo Rosales menciona que publicó, con motivo de la caída del puente, un pequeño artículo que aludía a su historia, pero en ningún caso fue publicado con anterioridad el trabajo completo.

*Santiago*... ya había dotado de cierta credibilidad a su autor. De hecho, este segundo libro fue publicado por una imprenta independiente: La Estrella de Chile. Manuel A. Mujica fue su editor e incluso el artista J. Manuel Blanco lo ilustró con grabados. Lo que demuestra, sin lugar a dudas, que se esperaba un gran éxito de ventas con la obra y que el editor creía en el proyecto de Rosales que implicaba continuar estas publicaciones históricas a precio popular para propagar este tipo de conocimientos[167].

En la advertencia al lector de este libro el autor nuevamente afirma que la obra está basada en documentos pertenecientes a los archivos antiguos de la Real Audiencia y de la Capitanía General, y por otra parte comenta que la caída del puente ocurrida el 10 de agosto del mismo año es la razón de su escritura.

Nos interesa sobre todo porque alude al bajo precio que tendrá la obra para que "pudiese llegar a los hogares más pobres" e insiste en que el bajo costo de estas ediciones permite un mayor acceso a la lectura.

> Fuera de esto, los demas datos i noticias son estractados de una obra que publiqué en enero del presente año bajo este título: *La Cañadilla de Santiago –Su historia i sus tradiciones–* 1541-1887. En esta obra, *cuya edicion se agotó en el mes siguiente,* encontrará el lector numerosos documentos íntegros que aquí solo estracto para no hacer esta publicacion mas voluminosa i, por consiguiente, mas cara de los pocos centavos que importará[168].

Obviamente destacar la alusión al éxito editorial que implicó la publicación de *La Cañadilla de Santiago... cuya edición se agotó en el mes siguiente.* Es decir, en febrero de 1888 no quedaban ejemplares del libro de Rosales, lo que explica la confianza que Manuel Mujica depositó en la publicación de sus demás trabajos. Pero también nos interesa subrayar que Rosales posee el íntimo deseo de que sus publicaciones se vuelvan monetariamente accesibles para un mayor número de personas, lo que probaría, en primera instancia, que quizás este tipo de textos solía difundirse preferentemente entre personas pertenecientes a la élite santiaguina. Refuerza la misma idea el hecho de que optemos por obviar los *numerosos documentos íntegros* que aparte de volver más voluminosa y, por ende, cara la publicación, la convierten en un texto más pesado, más erudito y excluyente, si el objetivo de Rosales es la comercialización extensiva de sus trabajos.

---

[167] Un tercer libro fue publicado con estas características, el mismo año, denominado *Sepulcros i difuntos. Noticias históricas i tradiciones sobre el Cementerio Jeneral de Santiago*.

[168] Rosales, Justo Abel: *Historia y Tradiciones del Puente Cal y Canto.* 1888, págs. 3-4. La cursiva es nuestra.

Si efectivamente *La Cañadilla de Santiago...* fue un éxito de ventas, podemos afirmar que con mayor razón (dada su menor extensión y complejidad) *Historia y tradiciones del Puente Cal y Canto* e *Historia i tradiciones del Cementerio Jeneral de Santiago* también lo fueron. De esta manera, Justo Abel Rosales habría logrado concretar un proyecto de Obra planificado y llevado a cabo bajo las lógicas de un mercado moderno, siguiendo los lineamientos propuestos por los medios de prensa en los que colaboró.

Podemos afirmar que bajo la publicación de esta colección de obras inauguradas por *La Cañadilla de Santiago...* existe el íntimo deseo de Rosales de posicionar, en un público popular que normalmente no tenía acceso a ese tipo de contenidos, una clase de narrativa histórica que acercara el pasado santiaguino y sus historias y tradiciones a lectores de bajos ingresos económicos a los que no solía dirigirse este tipo de publicaciones.

Recordemos que estos tres folletos fueron editados por Manuel Mujica y presumiblemente obtuvieron éxito de ventas. Lo que corroboraría, en cierto sentido, desde el mercado y su funcionamiento, la asertividad del proyecto de Rosales que posee, en este sentido, dos ejes. El primero se relaciona con la apertura comercial a un público moderno *masivo* distante de la élites intelectuales, y la segunda con la transmisión de contenidos o miradas acerca del pasado nacional que pretenden construirlo no a partir del hito de la Independencia y de los grandes héroes patrios, sino, a la manera de Palma, desde la época colonial y las pequeñas historias de un barrio periférico, que también dan cuenta del devenir histórico de la ciudad.

La focalización de Justo Abel Rosales, es decir, su lugar de enunciación, le permite dotar de un nuevo sentido, más cotidiano y cercano, más humanizado a la historia de Santiago para un público no especializado, que se transformará en un mercado lector con cada vez más influencia y preponderancia a lo largo del siglo XX que se avecina. A la luz de este capítulo cobra un mayor sentido entender que las temáticas propuestas por Rosales en sus textos responden a los gustos y significados relacionados con este público lector próximo a la cultura colonial chilena, ligada evidentemente a la cultura española, que a los modos de ver y de vivir de las clases dirigentes ligadas a los modelos franceses, y que fijaron los parámetros culturales hegemónicos durante el siglo XIX negando justamente ese pasado cultural ominoso ligado a la experiencia colonial.

# Conclusiones y reflexiones finales

Durante el siglo XIX la clase dirigente chilena, de Lastarria en adelante, pensó que un requisito ineludible para progresar material y culturalmente era dejar atrás, en el olvido, el pasado colonial chileno como si este constituyera una parte irrelevante u ominosa de nuestra historia nacional. Forjar una identidad propia, estrictamente chilena, pasaba necesariamente por renegar de ese pasado y su carga cultural española ligada al conservadurismo, el retroceso y la religión. Los modelos culturales, políticos y económicos hegemónicos fueron imitados de países europeos como Francia e Inglaterra, que representaban en ese momento la idea de progreso.

Esta visión fue tan difundida y aceptada por las élites en el periodo señalado que las propuestas que no coincidieron con ella quedaron relegadas a un lugar menor o insignificante dentro de la historia cultural chilena.

Justo Abel Rosales y su obra corresponden justamente a un tipo de pensamiento y propuesta que, al contrario de los postulados reivindicados con mayor fuerza por los grupos políticos y culturales dominantes, construye un tipo de historiografía literaria de la ciudad de Santiago, narrándola y dándole sentido desde su pasado colonial.

Es muy posible que la propuesta intelectual de Rosales arranque del hecho de que él, como funcionario de la Corte de Apelaciones de Santiago y luego de la Biblioteca Nacional, haya tenido la excepcional oportunidad de acceder a la documentación perteneciente a la institucionalidad chilena colonial y de principios del siglo XIX. Sin embargo, él no solo decide recopilar, catalogar y aunar los archivos a los que tuvo acceso: tomó la decisión, y esto es lo fundamental, de publicar en la prensa periódica trabajos narrativos en los que no se limita a presentar los documentos sin más, ya que, como en toda construcción discursiva, en sus textos subyace una propuesta, temática y estética, que constituye el real aporte de su trabajo.

Ahora bien, la propuesta intelectual de Justo Abel Rosales descansa en el supuesto de que Santiago carece de una construcción historiográfica y literaria de su propia historia para un público popular, y él está dispuesto a construirla y a publicarla, ya que sostiene que los lectores deben poder tener acceso a ella. Sus trabajos, por ende, aparecen primero en prensa y luego en folletos unificados de muy bajo costo para favorecer la adquisición de los mismos por un gran número de personas, como lo señala de manera explícita en la nota "Al Lector" de *Historia y Tradiciones del Puente Cal y Canto.* Por los datos que expusimos en el Capítulo III, el autor logró, en cierta medida, su objetivo, ya que sus trabajos fueron efectivamente publicados y gozaron de cierto éxito editorial. Evidentemente, debido a la Guerra Civil de 1891, su proyecto de Obra no se llevó a cabo en toda su extensión ya que fue despedido de su trabajo y marginado de los circuitos de edición y circulación de los que formaba parte antes del año señalado.

Es importante señalar ahora cuál es el contenido temático de la propuesta de construcción de la historia local santiaguina de Rosales, tema que hemos abordado en el primer capítulo de este trabajo y del cual expondremos sintéticamente sus más importantes conclusiones.

Lo más relevante, en este sentido, es que el autor no realiza una diferenciación categórica entre el sistema político colonial y el sistema republicano, lo que, a nuestro modo de ver, se asienta a partir de la posición no destacada que las guerras de independencia ocupan en su obra. Esto se da en la medida en que su lugar de enunciación no se sitúa en el polo de las grandes problemáticas político-militares chilenas, sino, por el contrario, en las historias familiares, civiles si se quiere, de los santiaguinos. Esto no quiere decir que los grandes sucesos históricos sean explícitamente excluidos de su sistema de referencias, obviamente sus textos rozan problemáticas nacionales mayores, pero estos no son los ejes focalizados preponderantemente. Complementando lo anterior, debemos recodar que el tiempo referencial dominante del corpus escogido es precisamente la vuelta del siglo XVIII al XIX, y aún así la independencia nacional no juega un rol protagónico a nivel temático en la obra de Rosales.

Esta no diferenciación categórica entre un sistema y otro enfatiza la importancia que para la historia cultural y social del siglo XIX posee la colonia, en la medida en que el autor suele dar cuenta de ella para explicarse cuestiones de su contemporaneidad. Dos ejemplos fundamentales de la continuidad establecida son la elaboración de un discurso acerca de la jerarquización social que no cambia sustancialmente entre un sistema y otro, y la permanencia de un sistema de creencias popular ligado a la superstición religiosa.

Por otra parte, existe una suerte de defensa de la era colonial chilena, desde la perspectiva de su institucionalidad gubernamental. Esta se da principalmente a través de la figura del corregidor Zañartu. Rosales lo construye como una metáfora, como un ícono cultural que muestra justamente cómo los intelectuales decimonónicos más reconocidos e influyentes maljuzgaron esta época condenándola a la desestimación y el olvido solo por su desconocimiento real de lo que esta significó.

En este sentido emerge la figura de Benjamín Vicuña Mackenna. Este último se configura, para Rosales, en la figura de autoridad intelectual a la que debe superar, es el maestro al cual se debe admirar, respetar y sobre todo imitar; pero por otra parte, el autor de *La Cañadilla de Santiago...* no cesa en sus críticas al tipo de decisiones intelectuales que este último adopta, sobre todo respecto de su (mal)tratamiento de la época colonial y la figura del Corregidor. De esta manera, Rosales, desde su posición de funcionario público y periodista, le está peleando un lugar a Vicuña Mackenna y a la hegemonía cultural decimonónica en la constitución del imaginario cultural santiaguino (de hecho insiste en re-bautizar sus calles y monumentos para dotarlos del sentido histórico que debieran, según él, tener) y la herramienta de la que se sirve para hacerlo es la figura del documento. Justo Abel Rosales legitima su escritura argumentando que lo que él presenta en sus trabajos se limita a dar cuenta de los datos e informaciones presentes en los archivos antiguos de Santiago, y por lo tanto escuda sus modos de ver a partir de la legitimación intelectual en boga en ese momento.

Otro asunto que no quisiéramos dejar de mencionar se relaciona con los géneros narrativos elegidos por Justo Abel Rosales para enmarcar sus propuestas. Él decide utilizar principalmente dos, y estos son la novela histórica y las historias y tradiciones. Ambos comparten una serie de elementos que son claves para entender la propuesta de Rosales, destacando entre ellos el cruce que se da entre literatura e historiografía.

La novela histórica se caracteriza por ser un género que posibilita una reelaboración del pasado histórico que permita entender un estado actual de cosas. Desde esta perspectiva, Rosales la utiliza, en el caso de *Los amores del diablo en Alhué*, para legitimar una institucionalidad judicial colonial que no ha sido adecuadamente valorada, que incluso ha sido mal juzgada por la intelectualidad del siglo XIX. En la novela esta es reivindicada, lo que se explica, en cierta forma, porque Rosales crea a partir de ella una genealogía del aparato institucional del que es parte. Recordemos que él es un funcionario público, de ahí su inclinación por ella y el corregidor Zañartu. En esta novela también se enfatiza el rol de lo popular y de la superstición religiosa, lo que le permitirá, a su vez, entender el origen de este tipo de sensibilidad en la época en la que él vive, pese a que no comparta tal percepción.

*Historia y tradiciones del Puente Cal y Canto*, como su nombre lo indica, es una construcción narrativa mixta, historiográfica y tradicionista, que da cuenta de un hecho particular: la caída en 1888 del Puente por los trabajos de canalización del río, y para hacerlo se remonta al periodo de su construcción y, nuevamente, a la figura del corregidor Zañartu. Es interesante, de todas maneras, que la historiografía y las tradiciones cedan paso a un nuevo tipo de discurso que va hegemonizando el estilo de la narración: el periodístico.

Un eje central de la narrativa de Rosales está dado justamente por su estilo periodístico. Este se halla presente en muchos de sus trabajos, primero porque efectivamente se publicaron en los periódicos más importantes de Santiago durante la década de los ochenta, pero también porque están escritos en esa clave, lo que podemos verificar, por ejemplo, a través del tópico o lugar común de la rapidez. Pero más relevante incluso que eso, y con esto volvemos al comienzo de estas conclusiones, es el tipo de público que configuran. En la obra de Justo Abel Rosales se prefigura a un lector no perteneciente a las élites político-culturales, y en este sentido la publicación de sus textos en prensa y la utilización de un estilo acorde con ella dan cuenta de esta intencionalidad.

Hemos dado cuenta sucintamente de las principales conclusiones extraídas de la obra de Justo Abel Rosales. Quisiéramos plantear ahora ciertas reflexiones finales acerca de cuestiones que aquí no se resuelven pero que emergen como problemáticas asociadas. Nos parece que esta investigación y el rescate de la figura autorial de la que se ocupa, sugieren la presencia eventual de muchos otros escritores, escritoras y propuestas que, durante el siglo XIX, emergieron pero que por diversas razones (la no adecuación de sus propuestas a nivel ético o estético, el carácter altamente excluyente del canon literario e historiográfico, entre otras) sus obras no se siguieron leyendo y estudiando en los ámbitos de socialización de este tipo de producciones, el ámbito académico y editorial, por ejemplo. Nos parece fundamental abrir, en este sentido, la mirada y la intención hacia propuestas alternativas que nos puedan dar luces acerca de nuestra historia cultural y nuestro devenir histórico.

Por otra parte quisiéramos mencionar que creemos que una clave fundamental para entender nuestra constitución cultural local radica justamente en el pasado colonial que nos hemos estado negando durante dos siglos. El rescate, estudio y comprensión de ese pasado omitido nos puede permitir entender mucho más acerca de nosotros mismos y nuestros *monstruos* que lo que nos narramos insistentemente una y otra vez, sobre todo en el contexto de las celebraciones del Bicentenario, que oculta aproximadamente doscientos cincuenta años de producción cultural real, formadora ineludible de nuestra constitución histórica, afectiva e intelectual, aunque hayamos decidido, en algún punto, que no debiera ser así.

# Bibliografía

## Bibliografía de Justo Abel Rosales


*Mi Campaña al Perú (1879-1881)*, Primera edición de su manuscrito original (Archivo Nacional, Fondo varios, Vols. 133 y 134). Prólogo y notas de Juan de Luigi Lemus e ilustraciones originales del propio autor y de Renzo Pecchenino. Concepción, Editorial de la Universidad de Concepción, 1984, 280 págs.

*La Cañadilla de Santiago, su historia i sus tradiciones (1541-1887)*, Santiago de Chile, Establecimiento Tipográfico de La Época, Calle del Estado, Núm. 36 J, doble columna, 1887, 237 págs.

*La Chimba Antigua: La Cañadilla de Santiago (1541-1887)*, Santiago de Chile, Editorial Difusión, Imprenta Chile, Teatinos 760, Colección Letras Chilenas, 1948, 95 págs. Contiene un Prefacio de Carlos Peña Otaegui y una Introducción: *Justo Abel Rosales* escrita por Ramón Ricardo Bravo.

*La Cañadilla de Santiago. Su historia y sus tradiciones. 1541-1887*, Santiago de Chile, Editorial Sangría, 2010, 338 págs. Contiene un estudio preliminar a cargo de Ariadna Biotti y Bernardita Eltit.

*Historia y Tradiciones del Puente Cal y Canto*, ilustrada con grabados por J. M. Blanco. Santiago de Chile, Manuel A. Mujica, editor, Imprenta Estrella de Chile, Puente de Cal y Canto, 1-B, Colección Lectura Popular, 1888, 80 págs.

*Historia y Tradiciones del Puente Cal y Canto*, Santiago de Chile, Editorial Difusión, Imprenta Chile, Teatinos 760, Colección Letras Chilenas, 1947, 167 págs.

*Sepulcros y difuntos. Noticias históricas i tradiciones sobre el Cementerio Jeneral de Santiago*, Grabados de J. M. Blanco. Santiago de Chile, Manuel A. Mujica, Editor, Imprenta Estrella de Chile, Puente Cal y Canto 1-D, Primera entrega, Precio 20 centavos, 1888, 71 págs.

*Historia i Tradiciones del Cementerio Jeneral de Santiago, Segunda edición estensamente aumentada y correjida*, Pedro N. Izquierdo M. Editor, Santiago de Chile, Imprenta Victoria, San Diego 71, 1890, 215 págs.

*La apoteosis de Arturo Prat y de sus compañeros de heroísmo muertos por la patria el 21 de mayo de 1879*, Santiago de Chile, Imprenta Los Debates, 1888, 472 págs. Por Justo Abel Rosales, empleado de la Biblioteca Nacional, ex secretario de la Asamblea Arturo Prat y ex Oficial del Ejército que hizo la última campaña al Perú.

*Bibliografía del literato D. Miguel Luis de Amunátegui.* Ministro de Estado, diputado al Congreso, secretario jeneral de la Universidad, profesor de literatura e historia del Instituto Nacional, miembro correspondiente de la Real Academia Española i del Instituto histórico y jeográfico del Brasil, etc. Santiago de Chile, Imprenta de la Libertad Electoral, Morandé 38, 1888, 30 págs.

*Bibliografía del literato D. Miguel Luis de Amunátegui*, en: Barros Arana, Diego. *Don Miguel de Amunátegui, Candidato a la Presidencia de la República*, Santiago de Chile, 1888.

*Bibliografía del literato D. Miguel Luis de Amunátegui*, en: Morla Vicuña, Carlos. *Don Miguel Luis Amunátegui (1828-1888)*, París, Imprenta de A. Lahure. [1889?], 346 págs.

*Instrucción Pública en su parte Secundaria, Superior, Especial e Histórica*, Recopilación de leyes, Decretos Supremos, Circulares y Acuerdos del Consejo de Instrucción Pública, Santiago de Chile, Imprenta Los Debates 1889-1891, dos volúmenes, 741 y 913 págs.

*Brasileros y Chilenos: Pájinas de una historia antigua y contemporánea; 1643-1889*, Santiago, Imprenta Cervantes, Bandera 73, 1889, 194 págs. Dedicada al Emperador de Brasil Don Pedro II de Braganza y al Presidente de Chile Don José Manuel Balmaceda. Texto escrito con motivo de la visita del príncipe Augusto Leopoldo (nieto del Emperador del Brasil).

*El Coronel don Juan Tomás North.* De cómo un inglés empleado a sueldo llegó en Chile a ser un millonario de crédito y fama universal. Santiago de Chile, Imprenta Victoria, San Diego 71, 1889, 130 págs.

*El anticristo y el fin del mundo: carta religiosa al Sr. Arzobispo D. Mariano Casanova*, Santiago de Chile, 1893, 47 págs.

*Historia de la Cárcel Política de Santiago (La Bastilla Chilena)*, por El Vizconde de Palacio (seudónimo del autor), Tomo I Gobierno de Balmaceda y de Baquedano, Paris, Imprenta Rochefort (en realidad Santiago de Chile, Imprenta Vicuña Mackenna), 1893, 87 págs.

*Manuel Rodríguez. Su vida pública y su hoja de servicio*, Santiago de Chile, Imprenta Albión, 1894, 8 págs.

*Manuel Rodríguez. Su vida pública y su hoja de servicio.* Con un grabado original del artista Guillermo Córdoba, Santiago de Chile, Imprenta La Nueva República, 1894, 9 págs.

*Los restos de Manuel Rodríguez el mártir de Til-Til (1818-1895)*. Recopilación de todas las piezas que componen el expediente formado por el comité popular para identificarlos. Con láminas y un plano. Impreso bajo la Dirección de vigilancia de J. Abel Rosales, miembro y secretario del comité. Santiago de Chile, Imprenta Benjamín Vicuña Mackenna, 1895, 256 págs.

*Los amores del diablo en Alhué, Acontecimiento estraordinario, fantástico i diabólico,* Santiago de Chile, Imprenta y Oficina de la Democracia, Bandera 166. Colección Folletín de la Democracia, 1895, 287 págs. Contiene nota de J. Santos Jarpa dedicada a Benjamín Vicuña Mackenna en la que le comunica no haber podido recopilar la información requerida respecto al caso judicial en contra de Santiago Barreta (protagonista de la novela).

*Los amores del diablo en Alhué, Acontecimiento estraordinario, fantástico i diabólico,* segunda edición completa e ilustrada, Barcelona, Imprenta Garcés y Bartoli, Provenza 197, Santiago, Centro editorial La Prensa, San Diego 335. Sin fecha de edición. 207 págs.

*Los amores del diablo en Alhué,* Santiago de Chile, Editorial del Pacífico, 1934, 224 págs.

*Los amores del diablo en Alhué,* Santiago de Chile, Editorial Nascimento, Santiago de Chile, 1978.

*Los amores del diablo en Alhué, Acontecimiento estraordinario, fantástico i diabólico,* Santiago de Chile, LOM Editores, 2001, 195 págs.

*Los amores del diablo en Alhué,* Santiago de Chile, Editorial Andujar, 2004, 246 págs.

*La negra Rosalía o el Club de los Picarones,* Imprenta y oficina de la Democracia, Bandera 166. Colección Folletín de la Democracia, 1896.

*La negra Rosalía o el Club de los Picarones,* Editorial Nascimento, Santiago de Chile, 1978.

*La negra Rosalía o el Club de los Picarones,* Editorial Andujar, 2002, 208 págs.

## Bibliografía general

Adorno, Rolena: "La estatua de Gonzalo Guerrero en Akumal: íconos culturales y la reactualización del pasado colonial". En *Revista Iberoamericana*. Números 176-177. (Julio-diciembre 1996).

*Anuario de la Libertad Electoral*. Año II, Santiago de Chile, Imprenta de la Libertad Electoral, Morandé 38, 1887.

Araujo, Alejandro: *Novela, historia y lecturas. Usos de la novela histórica del siglo XIX mexicano: una lectura historiográfica*. 2009.

Azúa, Ximena y Eltit, Bernardita: "Corregidor Zañartu: Autoritarismo y Linaje". En *Revista de Estudios Filológicos*, Valdivia, Chile, N° 49 (junio 2012).

Bastías, Manuel: *Historiografía, hermenéutica, positivismo. Revisión de la historiografía chilena camino a la superación del positivismo*. Tesina para optar al grado de Licenciatura en Historia de la Facultad de Filosofía y Humanidades de la Universidad de Chile, 2004.

Briseño, Ramón: *Cuadro sinóptico periodístico completo de los diarios y periódicos en Chile publicados desde el año de 1812 hasta el de 1884 inclusive, que la Biblioteca Nacional conserva empastados*. Sin datos de publicación.

Calderón, Alfonso: "Nota a las Tradiciones Peruanas". En Ricardo Palma, *Tradiciones Peruanas*, Santiago: Nascimento, 1975.

Cherniavsky, Carolina: "El Ferrocarril de Santiago (1855-1911). El cuerpo de un diario moderno" en *Entre tintas y plumas. Historias de la prensa chilena del siglo XIX*. Ángel Soto Editor. Santiago: Universidad de Los Andes, Centro de Investigación de Medias Andes CIMA, Facultad de Comunicación, páginas 79-111.

Colmenares, Germán: *Las convenciones contra la cultura. Ensayos sobre la historiografía hispanoamericana del siglo XIX*: Centro de Investigaciones Diego Barros Arana, 2006.

Coudart, Laurence: "En torno al Correo de Lectores de *El Sol* (1823-1832): espacio periodístico y "opinión pública". En Cristina Gómez Álvarez y Miguel Soto (Coordinadores), *Transición y cultura política. De la Colonia al México independiente*. México D. F: Facultad de Filosofía y Letras. Dirección General de Asuntos del Personal Académico. Universidad Nacional Autónoma de México, 2004.

Cruz Feliú, Guillermo: *Reseña histórica del Anuario de la Prensa Chilena de la Biblioteca Nacional 1886-1966*. Santiago: Editorial Universitaria, 1966.

Darnton, Robert: *Los* best sellers *prohibidos en Francia antes de la revolución*. Buenos Aires: Fondo de Cultura Económica, 2008.

Derrida, Jacques: *Mal de Archivo*. Madrid: Trotta, 1997.

Dussuel, Francisco: *Historia de la literatura chilena*. Santiago: Ediciones Paulinas, 1954.

Eco, Umberto: *Lector* in fabula. *La cooperación interpretativa en el texto narrativo.* Barcelona: Editorial Lumen, 1987.

Encina, Francisco Antonio: "Breve bosquejo de la literatura histórica chilena". En *Atenea*, Año 26, Nº 291-292 (Septiembre-octubre, 1949).

Fernández, Maximino: *Historia de la literatura chilena* Tomo I. Santiago: Ediciones Don Bosco, 2007.

Gazmuri, Cristián: *La historiografía chilena (1842-1970)*. Santiago: Alfaguara, 2006.

Goic, Cedomil: *La novela chilena. Los mitos degradados*. Santiago: Editorial Universitaria, 1997.

Gómez Millas, Juan: "Las tendencias del pensamiento histórico". En *Atenea*, Año 26, Nº 291-292 (Septiembre-octubre, 1949).

Grez, Vicente: *El ideal de una esposa*. Prólogo de Luis Iñigo Madrigal. Edición a cargo de Hernán Loyola. Santiago: Editorial Nascimento: 1971.

Iñigo Madrigal, Luis: "Introducción a *El ideal de una esposa*". En Vicente Grez, *El ideal de una esposa*. Santiago: xx, 1971.

Iser, Wolfgang: "El proceso de la lectura: Un enfoque fenomenológico" En *Para leer al lector. Una antología de teoría literaria post-estructuralista.* Santiago: Editorial Universitaria, sin año de edición.

Jobet, Julio César: "Notas sobre la historiografía chilena". En *Atenea*, Año 26, Nº 291-292 (Septiembre-octubre, 1949).

Lastarria, José Victorino: *Recuerdos Literarios*. Santiago: Zig-Zag, 1968.

Larra, Mariano José de: *Artículos de costumbres. Antología dispuesta y prologada por Azorín*, Buenos Aires: Espasa-Calpe, 1963.

Lukács, Georg: *La novela histórica*. México: Ediciones ERA, 1966.

Mateo, Ángeles: "Crónica y fin de siglo en Hispanoamérica (del siglo XIX al XXI)". En *Revista Chilena de Literatura*, Nº 59 (noviembre 2001).

Martínez Baeza, Sergio: *El libro en Chile.* Santiago: Biblioteca Nacional, 1982.

Medina, José Toribio: *Biblioteca chilena de traductores (1820-1924)*. Segunda edición corregida y aumentada, con estudio preliminar de Gertrudis Payàs. Santiago: Centro de Investigaciones Diego Barros Arana, 2007.

Mengod, Vicente: *Historia de la literatura chilena*. Santiago: Editorial Zig-Zag, 1967.

Menton, Seymour: *La nueva novela histórica de la América Latina, 1979 – 1992*, México D.F.: Fondo de Cultura Económica, 1993.

Mignolo, Walter: "El mandato y la ofrenda: La *Descripción de la ciudad y provincia de Tlaxcala*, de Diego Muñoz Camargo, y las relaciones de indias". En *Nueva Revista de Filología Hispánica*, N° 2, tomo XXXV, 1987.

Montes, Hugo, Julio Orlandi: *Historia de la literatura chilena*. Santiago: Editorial Zig-Zag, 1982.

Núñez, Estuardo (ed.): *Tradiciones hispanoamericanas*, Caracas: Biblioteca Ayacucho, 1979.

Ossandón, Carlos; Santa Cruz, Eduardo: *Entre las alas y el plomo. La gestación de la prensa moderna en Chile*. Santiago: LOM Ediciones, 2001.

Palma, Ricardo: *Tradiciones Peruanas*, Madrid: Editorial Universitaria, Colección Archivos, 1997.

Petrucci, Armando: *Alfabetismo, escritura y sociedad*. Barcelona: Editorial Gedisa, 1999.

Pereira Salas, Eugenio: "Notas sobre la novela histórica acerca de Chile". En *Atenea*, Año 26, N° 291-292 (septiembre-octubre, 1949).

Pinto, Julio. "De proyectos y desarraigo: la sociedad latinoamericana frente a la experiencia de la modernidad (1780-1914)", *En Revista de contribuciones científicas y tecnológicas*, Dirección de Investigación USACH, N° 130, 2002.

Poblete, Juan: *Literatura chilena del siglo XIX: entre públicos lectores y figuras autoriales*. Santiago: Editorial Cuarto Propio, 2002.

Rama, Ángel: *La crítica de la cultura en América Latina*. Caracas: Biblioteca Ayacucho, 1985.

Rama, Ángel: *Rubén Darío y el Modernismo*. Barcelona: Alfadil Ediciones [s/año de edición].

Rojo, Grinor: *Diez tesis sobre la crítica*: Santiago: LOM Ediciones, 2001.

Romero, José Luis: *Latinoamérica: La ciudades y las ideas*. Medellín: Editorial Universidad de Antioquia, 1999.

Rotker, Susana: *Fundación de una escritura: las crónicas de José Martí*. La Habana: Casa de las Américas, 1992.

Sánchez, Luis Alberto: "Prólogo a las Tradiciones Peruanas". En Ricardo Palma, *Tradiciones Peruanas escogidas*, Santiago: Ediciones Ercilla, 1945.

Santa Cruz, Eduardo: *Análisis histórico del periodismo chileno*. Nuestra América Ediciones (sin más datos).

Silva Castro, Raúl: *Prensa y periodismo en Chile (1812-1956)*. Santiago: Ediciones de la Universidad de Chile, 1958.

Soffia, Álvaro: *Lea el mundo cada semana*. Valparaíso: Ediciones Universitarias de Valparaíso, 2003.

Subercaseaux, Bernardo: *Historia del libro en Chile. Cuerpo y Alma*. Santiago: LOM Ediciones, 2000.

Torres-Rioseco, Arturo: *Breve historia de la literatura chilena*. Santiago: Ediciones DeAndrea, 1956.

Valdebenito, Alfonso: *Historia del periodismo chileno (1812-1955)*. Santiago: sin datos de edición, 1956.

Vicuña Mackenna, Benjamín: *Algunos proverbios, refranes, motes y dichos nacionales*, Santiago de Chile: Talleres Gráficos Salesianos, 1931.

Villalobos, Sergio; Osvaldo Silva; Fernando Silva *et al.*: *Historia de Chile*. Santiago: Universitaria, 2005.

Villalobos, Sergio: *Historia de los chilenos*. Santiago: Taurus, 2008.

Viu, Antonia: *Imaginar el pasado, decir el presente*, Santiago: RIL Editores, 2007.

White, Hayden: *Metahistoria. La imaginación histórica en la Europa del siglo XIX*. Buenos Aires: Fondo de Cultura Económica, 1998.

-------------------: *El texto histórico como artefacto literario*. Barcelona: Ediciones Paidós, 2003.

Williams, Raymond: *Marxismo y literatura*. Barcelona: Península, 1980.

Made in the USA
Monee, IL
04 November 2026

67379625R00072